KB210113

내일의 교회

Future Present

내일의 교회

Future Present

조니 베이커 외 지음 ㅣ 김준철 옮김

성공회 ST.BRENDAN'S INSTITUTE
브랜든선교연구소

차례

현존하는
미래

조니 베이커

우리가 살면서 시스템이 망가졌거나 멈춰버렸다고 느끼는 분야는 한두 군데가 아닙니다. 오늘날의 정치, 비정상적인 농업 구조, 지구온난화를 유발하는 석유 의존, 커져만 가는 빈부 격차, 이런 것들이 모두 변화가 필요한 분야입니다.

우리는 다른 무언가를 상상하고 만들어가야 합니다. 우리가 사회를 어떻게 구성할지, 변두리로 쫓겨난 사회 구성원들을 어떻게 돌볼지, 다양성을 얼마나 높이 평가하는지, 그리고 교회를 어떻게 '예수를 따르는 이들의 공동체'로 조직할 수 있을지를 고민하는 데 있어서 우리는 참으로 다른 무언가를 상상하고 만들어가야만 합니다.

변화할 필요가 있다는 것을 직면하게 된 사람들이 보이는 반응에는

몇 가지가 있지만, 그중에서 변화가 필요하다는 것조차 인정하지 않는 방어적인 태도는 이 책의 관심사가 아닙니다. 이 책이 관심을 가지고 다룰 반응을 전형적으로 보여주는 멋진 사진을 본 적이 있습니다. 기후 변화를 부인하고 있는 데 대해 항의하는 의미로 많은 사람들이 해변에 모여 모래에 머리를 묻고 있는 장면이었습니다.

앞 페이지의 사진은 내가 영국 서머싯 주 바스 근처를 산책하다가 폐철길에서 찍은 셀프포토입니다. 제목은 〈더는 오지 않는 기차를 기다리며〉입니다. 많은 분야에서 세계는 바뀌었고 삶의 흐름이 달라졌지만 사람들은 여전히 '그동안 성공적으로 해왔던 일'을 그대로 계속 이어갑니다. 꼭 변화를 인정하지 않으려고 해서가 아니라 모든 곳에서 일어난 변화를 알아차리는 데 그저 실패한 것일 수도 있습니다. 그래서 너무 늦었음을 갑작스럽게 느끼게 되거나, 어쩌면 맹목적이었고 무지했던 자신을 발견하게 되겠지요.

이 책을 읽는 독자들은 적어도 변화와 새로움에 관심이 있는 사람들, 즉 세계를 더 낫게 만들고 선을 이루며 성공을 실현하고자 창의적인 해결책을 제안하고 싶어 하는 사람들이라고 전제하고 시작합니다. 따라서 변화의 필요성을 설명하는 데는 많은 지면을 할애하지 않을 것입니다.

그동안 해왔던 방식을 살펴보고 그것을 약간 수정하거나 조정하는 것이 변화에 대처하는 일반적인 습관입니다. 이렇게 하는 것은 기존의 해결책을 개선하는 데에는 효과적입니다. 그러나 이런 것이 전혀 효과가 없는 경우가 있습니다. 바로 시스템 자체가 바뀌어야만 하는 곳입니다. 이런 경우에는 훨씬 더 급진적인 무언가가 필요합니다.

알렉스 카스나비시Alex Khasnabish와 맥스 헤이븐Max Haiven은 자신들의 저서 『급진적 상상력: 수축 시대의 사회 운동 연구The Radical Imagination: Social Movement Research In The Age Of Austerity』에서 본인들이 일하고 있는 현장인 대학에서의 연구를 사례로 듭니다. 그들은 대학생활이 조직되고 구조화되는 방식이 마음에 들지 않았습니다. 그래서 그들은 예시적인 연구가 필요하다고 생각했습니다. 무슨 말인가 하면, '성공적인 모습이 될 방식'으로 전혀 다르게 조직된 어떤 대학을 상상하는 것이 그들의 첫 번째 과제였다는 말입니다. 현재의 조직 방식에 기초해서 수정하는 것이 아니라 '성공적인 모습으로 상상된 미래'에 기초하여 연구를 새롭게 디자인하고 실행해야 한다는 것이 그들의 두 번째 과제였습니다. 전혀 다른 어떤 세계를 미리 나타내보는 것입니다. 그들은 이런 방식으로 일하려는 활동가 및 사회운동과 협력합니다. 그들은 전혀 다른 미래를 꿈꾸고 상상하는 과제를 잘 수행할 수 있도록 모임들을 촉진하고, 현재의 우리가 당장 어떤 행동을 할 수 있을지 알기 위해 '그래서 무엇을 할 것이냐so what'를 묻습니다. 그들은 이러한 방식이 건강한 공동체와 지속 가능한 사회운동을 만들어낸다는 것을 발견했습니다. 이 연구의 참여자들은 많은 것을 얻고 두 사람에게 고마워합니다. 또 이런 기회에 초대받지 않았더라면 성찰과 상상력을 끌어낼 수 없었을 것이고 따라서 변화를 이끌어내지도 못했을 것이라고 말합니다!

현존하는 미래Future present는 바로 이러한 방식, 변화를 향한 이러한 접근방식을 사용합니다. 이 방식은 삶과 문화의 어떤 분야에도 적용될 수 있습니다. 맨 처음 해야 할 일은 미래를 상상하는 것입니다. 그다음은 그렇게 상상한 미래에 기초하여 현재의 행동을 실천해나가는 것입니다. 지금의 현재 속에 더 나은 세계를 구현하기 위해 말입니다. 지구, 교회와 도시에 대한 거시적인 성찰들이 이 책에 담겨 있습니다.

이러한 성찰은 마을학교, 사업, 가사와 육아를 분담하는 결혼생활 같은 현장의 단위로 내려가 '어떻게 하면 사람들이 이전과는 다른 모습으로 더불어 살아갈 수 있을지'를 탐구하며 심도 있게 살펴볼 때 실제로 흥미로워집니다. 지역의 목회자가 지역과 교회를 위해 해야 할 일은 무엇일까요? 일자리와 생활비 때문에 고군분투하는 지역 주민들을 위해 필요한 것은 무엇일까요?

현존하는 미래는 문법적으로 시제를 비트는 언어유희로, '일어나게 될 무언가'에 대해 말하는 것입니다. 미래는 현재에 존재합니다. 우리의 삶은 대단히 바쁘고 당장 닥친 일에만 집중하게 되기 때문에 결국 오래된 행동/사고/존재 양식을 바꿀 수 없는 과거진행 시제에 갇혀 살아가기 쉽습니다. 이전과는 다른 방식으로 대화를 나누려면 어떤 종류의 개입, 자리, 그리고 특정한 의도가 필요합니다. 그래서 우리는 분야를 나누어 이런 종류의 상상하기를 하고자 이 책의 기고자들을 초대했습니다.

기고자들을 초대하는 안내문은 다음과 같은 내용이었습니다.

만들어진 모든 것은 어느 시점에 어딘가에 있었던 누군가의 생각이고 꿈이었습니다. 또 다른 세계 역시 언제나 가능하고 언제나 꿈꿔질 수 있습니다. 그 세계는 항상 우리 바로 앞에 있습니다. 이 순간 미래가 현실이 되게 하려면 어떻게 해야 할까요?

어떻게 하면 우리의 세계를 향한 하느님의 꿈들을 이룰 수 있을지 더불어 상상하는 이날에 저희와 함께해주세요. 우리의 지구, 도시, 사회, 교회, 이웃, 그리고 우리 자신을 위해 지금 당장 말입니다.

지금 우리는 이러한 대화에 창의적으로 이바지하길 원하는 분들을 찾고 있습니다. 이것은 선교, 직장, 경제, 교육, 섹슈얼리티, 공동체 등 어떤 분야와도 연관될 수 있습니다. 저희는 강연가, 시인, 예술가, 사진가, 영화감독, 작가, 음악가, 스토리텔러, 건축가, 활동가, 예언자, 신학자, 건축업자, 사회적 기업가, 공동체 개발자, 정의를 지지하시는 분들을 불러 모아 생각을 나누고 함께 꿈을 꾸고자 합니다.

그날은 우리의 꿈에 맞춰 만들어질 것입니다. 그리고 우리의 꿈이 우리의 오늘을 만들 것입니다. 미래는 가깝습니다. 이제 시제를 바꿀 때입니다.

이런 방식으로 생각하는 위대한 전통이 신학에 있습니다. 바로 예언자들이 했던 일입니다. 그들은 통치제국의 온갖 잘못에 사람들이 무감각해지게 된 곳에서 눈물을 흘리며 세계가 망가져가는 방식을 슬퍼했습니다. 슬픔은 새로움으로 이어집니다. 그들은 시문학과 예술을 통해 다른 미래를 상상했습니다. 칼을 쳐서 보습을 만들고, 슬픔과 탄식이 없으며, 열방의 회복이 일어나고, 정의가 살아 있는 또 다른 세계, 모두가 함께 식탁에 둘러앉은 만찬을 말이지요. 누구도 무엇도 배제하지 않는 그곳이 새 하늘과 새 땅입니다. 이 미래를 '하느님 나라'라고 부른 예수는 "하느님 나라는 여기에 있다"고 말하며 그 미래가 현재임을 선포했고, 그 다가오는 미래의 빛 가운데 살아가는 삶으로 나아갔습니다.

이 모든 게 참 쉽고 간단하게 들리지만, 나쁜 소식은 예수가 살해당했다는 것입니다! 제국과 시스템 속의 많은 사람은 기존 방식을 유지해야만 지켜지는 기득권을 가지고 있고, 그들은 여느 때와 마찬가지로 서로 먹고 먹히는 세계를 퍽 멋지게 살아갑니다. 그래서 미래를 현재로 만들기가 어렵습니다. 혁신가, 기업가, 예언자, 예술가, 성인聖人 등 세계를 바꾼 위인들, 우리에게 영감을 주었던 사람들에 관한 설명이 많습니다. 거의 모든 경우 그들 각각이 품었던 생각은 당대에는 헛소리로 치부되었고, 어느 공동체, 어느 조직에 속해 있었든 간에 사실상 그들에게는 이단이란 꼬리표가 붙었습니다. 그들은 다른 사람들이 볼 수 없었던 무언가를 보았습니다. 그리고 그들은 다만 어떻게든 끈질기게 자기 생각이 살아 움직이게 하고 그 생각을 현실로 만듭니다.

나는 마크 스티븐슨Mark Stevenson의 『우리는 다르게 일한다: 우리 세계를 리부팅하는 아웃사이더들We Do Things Differently: Outsiders Rebooting Our World』
(Abrams Press, 2108)을 읽은 적이 있습니다. 거기서 저자는 세계가 당면한
일련의 위기들에 해결책을 제안한 사람들을 찾아냈습니다. 토양을 침식
하는 화학물질을 사용하지 않고 수확량을 늘리는 쌀 재배법에서부터 차
가운 액화가스를 분사하는 피스톤을 구동해 냉각을 통한 부산물을 얻
는 방식의 엔진 설계에 이르기까지 해결책은 다양합니다. 후자의 경우에
는 음식을 냉각하는 데 도움이 되어 쓰레기를 줄일 뿐 아니라 탄소를 배
출하지 않는다는 두 가지 이득이 있습니다. 이런 사례를 들으면 여러분
은 농업 공동체나 과학 공동체가 이런 대단한 혁신들을 환영하리라 생
각할 것입니다. 그러나 이 책이 냉철하게 상기시켜주고 있는 중요한 사실
은 이런 사례들에서도 어김없이 발견됩니다. 다른 패러다임이나 다른 세
계를 상상해야만 하는 변화들은 예외 없이 처음부터 반대에 뒤덮였다는
사실입니다.

그러니 꿈꾸고 상상하는 만큼 미래가 현재로 잘 만들어지기 위해서
는 변화의 과정에 대한 어떤 정신nous을 갖춰야 할 필요가 있을 것입니다.
무엇을 꿈꾸었든 간에 상상력과 끈기 그리고 그것을 세워나가는 과정을
위한 전술과 전략이 필요할 것입니다. 변화와 관련해 인류학은 일종의 지
혜를 줍니다. 보통 새로운 것은 오래된 것에 일정한 거리를 둔 상태에서
가장 잘 이루어집니다. 제럴드 아버클Gerald Arbuckle은 새로운 것이 다른 어
딘가에 속해 있으며, 그것이 혁신적인 파이어니어를 온전히 이해하고 지

원하는 제도권의 지지자들과 함께 성공할 기회를 얻을 수 있도록 권력에서 일정한 거리를 두고 보호될 필요가 있다고 제안합니다.

그와 마찬가지로 마거릿 휘틀리Margaret Wheatley와 데버러 프리즈Deborah Frieze는 『워크 아웃 워크 온: 지금 미래를 살아내는 대담한 공동체로 향하는 배움의 여정Walk Out Walk On: A Learning Journey Into Communities Daring To Live The Future Now』(Ingram Pub Service, 2011)에서 변화가 일어나는 과정을 정확히 보여줍니다. 그 과정에서 새로운 세계를 보는 사람들은 오래된 시스템 안에 갇혀 있어서는 안 됩니다. 자신이 상상한 미래에서 나온 다른 모습의 세계를 구현할 자리를 얻기 위해 말이지요. 그리고 앞에서 소개한 책 『급진적 상상력』에 담긴 과정과 정말 비슷한 점이 있습니다. 파이어니어와 함께 여정을 걷는 친구들은 파이어니어를 지원하는 공동체를 통해 새로운 가능성과 상상이 저항을 받기보다는 자유롭게 펼쳐질 수 있는 곳으로서의 전혀 다른 생태계를 만들어낸다는 점입니다.

현재나 과거를 평가절하하는 것은 아닙니다. 현재와 과거 모두 큰 선물과 보물을 담고 있습니다. 그리고 새로움을 위한 새로움이나 변화를 위한 변화는 별 가치가 없습니다. 모든 사람이 미래를 꿈꾸어야만 한다는 것도 결코 아닙니다. 그러나 앞날을 내다보는 사람, 예술가, 예언자, 시인, 파이어니어, 혁신가, 기업가, 새로운 세계를 꿈꾸고 나중에 다른 사람들이 따라올 수 있도록 길이 없는 곳에 길을 내는 것이 자신의 재능이자 소명인 사람들이 있습니다.

이 책에 담긴 성찰은 정말 고무적이고 다양합니다. 이 성찰들이 다른 사람들에게 대화 주제가 되고 새로운 생각의 촉매가 되길 바랍니다. 무엇보다도 이 책이 현존하는 미래를 삶과 문화의 전 분야에 걸쳐 대담하게 상상하는 사람들이 모여 같이 밥 먹고 대화와 친교를 나누는 작은 모임들로 이어지길 희망합니다. 우리가 제안하는 과정은 정말 간단해서 세 가지 단계로 요약할 수 있습니다.

1. 함께할 사람들을 모으세요.

2. 변화된 모습이 보고 싶은 주제나 분야를 고르고 그에 관해 지금과는 다른 미래를 상상하세요.

3. 미래를 현재로 만들기 위해 그 미래에 기초하여 현재를 디자인하세요.

복된 여정이 되시길 빕니다!

nd cakes!!

Every Journey sta

step, ENJOY THE R

confin

♡ + ✝ =

Live Strong be happy

DESTINY IS
THE NEW
WHIT

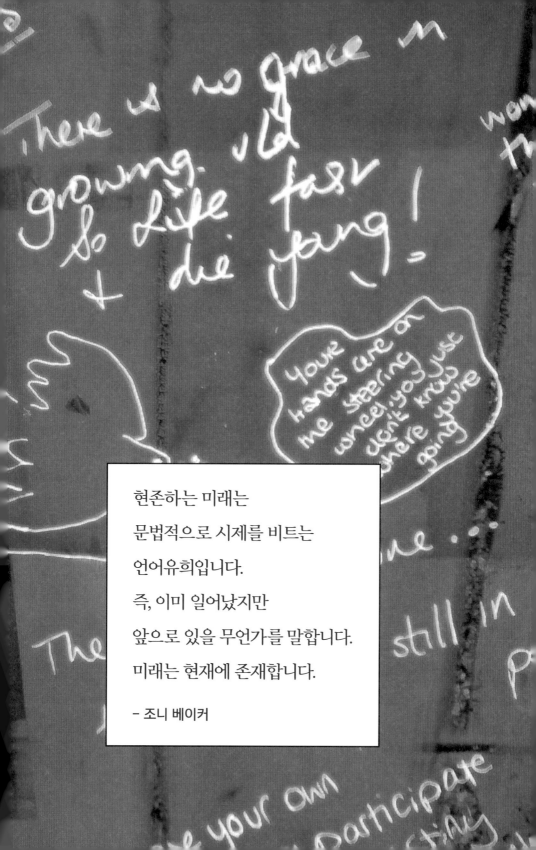

현존하는 미래는
문법적으로 시제를 비트는
언어유희입니다.
즉, 이미 일어났지만
앞으로 있을 무언가를 말합니다.
미래는 현재에 존재합니다.

– 조니 베이커

미래를
혁신하기

마이클 모이나

하느님의 미래가 현재와 정면으로 맞닥뜨릴 때 일어나는 것이 혁신입니다. 약속된 그분의 나라는 혁신, 즉 우리가 어떤 일을 할 때 통용되는 게임의 규칙을 바꾸는 과정을 통해 세계를 변혁합니다.

규칙은 급진적으로 바뀔 것입니다. 첫 번째 메시 교회Messy Church는 전 연령대가 함께하는 예배의 규칙을 급진적으로 바꿨습니다. 점진적으로 바꿨다고 할 수도 있습니다. 뒤범벅교회 지도자들은 손으로 만드는 활동과 예배, 음식이 한데 어우러진 장면으로 바꿀 수 있었습니다. 급진적이든 점진적이든, 성령은 혁신이란 탈것을 이용해 현재를 하느님의 미래로 끌고 가십니다.

나는 혁신에 필요한 기본적 얼개를 제안합니다. 이 얼개는 기업가 정신과 디자인싱킹design thinking, 그리고 복잡성 이론(복잡한 시스템 내에서 순서와 패턴 및 구조가 어떻게 발생하는지에 대한 연구)에 관한 연구 문헌에서 도출되었습니다. 또한 그리스도인 공동체를 새로운 형태로 혁신한 사람들에 대한 열 가지 사례연구에 기초하고 있습니다. 이 얼개는 여섯 가지의 혁신 과정을 설명하는데 각 과정은 순차적이지 않고 겹치며, 더불어 영향을 미쳐 서로 강화됩니다. 이것들은 혁신에 대한 유일한 사고방식이 아니며, 혁신에 접근하는 서로 다른 방법들을 보완합니다.

불만족하기

첫 번째 과정은 불만족하기입니다. 유지되고 있는 현상에 불만족하지 않으면 혁신은 일어나지 않습니다. 현재에 불만을 품지 않는다면 아무도 새롭게 일하지 않습니다. 어쩌면 현재 일들이 잘 풀리지 않고 있을 수도 있습니다. 뭔가를 하는 데 있어서 더 나은 방식을 볼 수도 있지요. 현재를 개선할 수 있기에 현재에 불만족을 느끼는 겁니다.

캐롤라인의 경험이 바로 그런 것이었습니다. 그녀는 런던 북서부의 학교 교사였습니다. 인종적 배경이 다른 소수자 집단이 증가하면서 해당 지역의 인구 구성은 바뀌었습니다. 캐롤라인은 그처럼 변화하는 인구 구성에 거의 관심을 두지 않는 자신의 지역 교회가 불만스러웠습니다. 그녀의 불만은 이 문제에 대해 무언가 필요한 일을 하도록 결심하게 했습니다.

혁신은 '거룩한 불만'이나 '예언자적 불만'에서 출발합니다. "상황은 더 나아질 수 있어" 라고 말하는 불만족하기와 함께 혁신은 시작됩니다. 새로운 것이 태어나기에 앞서 오래된 것이 적절하지 못한 것으로 드러나야 합니다. 모두를 계속 만족시키는 것이 관리의 주요 과제라고 믿는 지도자들에게 이것은 도전이 되는 일입니다. 혁신을 원한다면 만족하지 않는 사람들이 필요합니다.

탐구하기

두 번째 과정은 탐구하기입니다. 혁신가들은 어떻게 해야 새로운 무언가가 그곳에서 효과가 있을지를 탐구합니다. 예를 들어 캐롤라인은 자신의 교회가 어떻게 하면 새로운 이웃들과 연결될 수 있을지 탐구하기 시작했습니다. 어떻게 해야 그녀의 교회는 '게임의 규칙을 바꾸어' 최근에 근처로 이주해온 사람들과 관계를 형성하게 될까요?

캐롤라인은 세 가지 방식으로 탐구했습니다. 먼저 그녀는 자신이 가지고 있는 것, 자신의 직책, 자신이 알고 있던 것, 알고 지낸 사람들로부터 시작했습니다. 그녀의 직책은 무엇이었냐면 초등학교 교사였습니다. 그녀가 알고 있던 것은 무엇이었을까요? 자신이 맡은 아이들의 어머니 대다수가 영어로 말할 수 없거나 유창하지 못하다는 것이었습니다. 물론 그녀는 사람을 가르치는 방법도 알고 있었습니다. 자신의 교육 능력을 그 어머니들이 영어를 더 잘 배울 수 있도록 돕는 데 사용하면 어떨까? 그녀는 궁금했습니다. 캐롤라인이 알던 사람들은 누구였을까요? 도움이 필요한 어머니들뿐만 아니라 기꺼이 그녀를 도와줄 교회 사람들 또한 그녀가 알던 사람들이었습니다.

다음으로 그녀는 스스로 묻기 시작했습니다. "어떻게 될까?" "내가 이렇게 했다면 어땠을까?" "저렇게 했다면 어땠을까?" 이러한 물음은 탐구하는 과정에서 중요한 부분입니다. 『디자이너는 어떻게 생각하는가: 나이절 크로스의 생각하는 디자인Design Thinking: Understanding How Designers Think and Work』(안그라픽스, 2013)에서 나이절 크로스Nigel Cross는 기술자와 건축가, 다른 디자이너들이 어떻게 가능한 해결책을 생각함으로써 디자인 문제에 접근하는지 말해줍니다. 그들은 해결책이 떠오를 때까지 '어떻게 될까'를 끊임없이 묻습니다.

캐롤라인은 영어가 서툰 이민자 출신 여성들의 문제에 대한 해결책을 디자인하고 있었습니다. 그래서 그녀는 가능한 해결책에 대해 생각하기 시작했습니다. 한 가지 해결책은 언어 수업을 여는 것이었습니다. 그러나 그러려면 수업 교재를 작성하고 과제를 설정해야만 한다는 점을 깨달았습니다. 그녀가 가진 여유시간보다 더 많은 시간이 걸릴 일들이었지요. 또 자격을 갖춘 도우미들이 필요할 텐데, 손쉽게 구할 수는 없었습니다. 그래서 그녀는 이 생각을 떨쳐냈습니다. 마침내, 그녀는 스스로 물었습니다. "매주 언어 카페를 열면 어떻게 될까? 영국식 오후 다과회에 여성들을 초대하고, 식탁에 둘러앉아 한 가지 주제에 대해 영어로 이야기를 나누게 하는 거야."

이 대목에서 그녀가 "와우!"라고 말했는지 아닌지는 모릅니다. 그러나 보통 반복해서 "어떻게 될까?" 하고 묻다가 마침내 갑자기 머릿속에 분명한 대답이 떠오르면 "와우!" 하고 외치게 되지요. 그러고 나면 정말 해결책이 효과가 있는지 확인해보기 위해 생각을 실행으로 옮기게 됩니다. 캐롤라인이 그랬던 것처럼 말이지요. 어떻게 될까요? 무슨 놀라운 일이 생길까요? 해결책은 효과가 있을까요?

크로스는 숙련된 디자이너는 대답을 빨리 내놓지 않는다는 점을 지적합니다. "어떻게 될까?" 하고 묻는 과정을 너무 서둘러 끝맺어버리지 않는다는 겁니다. 그들은 좋은 생각을 놓치지 않기 위해 여러 가지 선택지를 계속 열어둡니다. 일찍 답을 정해버리지 않고 해결책 하나를 상상했다가 또 다른 해결책 상상하기를 계속하면서 인내합니다. 두뇌를 전율시키는 방안이 딱 떠오를 때까지 말입니다. 언어 수업이라는 아이디어를 버린 다음 계속 "어떻게 될까?" 하고 자문했던 캐롤라인도 그렇게 했습니다. 인내하지 않았더라면 그녀는 언어 카페라는 해결책을 절대 떠올리지 못했을 것입니다.

세 번째로 그녀는 자신이 섬기길 바랐던, 대부분 스리랑카 출신인 어머니들의 이야기를 주의 깊게 들었습니다. 가르치는 아이들을 통해서만 몇몇 어머니들을 알고 있었고, 그런 관계를 통해 듣게 된 이야기들 대부분은 의미가 분명하지 않았습니다. 그녀는 나눈 대화들을 머릿속으로 곱씹었습니다. 교회 강당에서 열리는 오후 다과회에 그 어머니들을 초대하는 자신을 상상했습니다. 그렇게 하면서 그녀는 교회 강당이 많은 어머니를 꽤 기죽게 한다는 사실을 알아차렸습니다. 교회는 그들이 거주하는 주택지구에 속해 있지 않았습니다. 그녀는 교회 대신 지역 공동체 강당을 사용하기로 했습니다. 본인으로서는 그 시설이 편리하지 않았지만, 참여하게 될 여성들에게는 친숙한 구역이었습니다. 귀 기울여 듣는 것 외에도, 캐롤라인은 계획을 구체화하는 과정에서 일부 여성들과 상의했습니다.

그녀는 자신이 가지고 있던 것에서 시작했습니다. 그리함으로써 자신이 사용할 수 있는 자원을 훨씬 넘어서는 아이디어를 떠올리거나 낯선 현장에서 혁신을 시도하는 일에 시간을 낭비하지 않았습니다. 그녀는 자신이 이미 가지고 있던 전문지식에 기초하여 아이디어를 세워나갈 수 있었습니다. 가능한 해결책을 계속 생각하며 예상하지 못했던 가능성까지 포용할 수 있도록 생각의 폭을 넓혀나갔습니다. 그리고 이야기들을 경청하며 자기 생각이 효과가 있을지 점검하고, 참여할 여성들을 배려하며 생각을 둥글게 다듬어나갔습니다. 탐구하는 과정의 본질이 바로 이것입니다.

납득이 되게 하기

세 번째 과정은 떠오르기 시작한 아이디어를 '말이 되는 소리'로 만드는 것입니다. 다른 사람들에게뿐만 아니라 자기 자신에게도 필요한 과정입니다. 이 아이디어는 왜 나에게는 말이 되는 소리인가? 다른 사람도 이 생각을 말이 된다고 생각할 수 있을까? 이것은 비전을 세우는 것보다는 훨씬 더 미묘한 과정입니다. 관련된 사람들에게 다르게 말하면서도 일관된 이야기를 전하는 것이지요. 사람들과 이어지고 그들을 수긍하게 할 이야기를 말입니다.

캐롤라인은 서로 다른 세 청중에게 세 가지 이야기를 전했습니다. 첫 번째 청자는 그녀 자신이었습니다. 그녀는 '교회의 새로운 표현fresh expressions of church'을 잘 정리하여 보여주는 2004년 잉글랜드 성공회 보고서인 『선교형 교회Mission-Shaped Church』(비아, 2016)를 읽었습니다. 그녀는 거기에 담긴 성육신 원리의 신학에 매료되었습니다. 그래서 자신에게 이런 이야기를 들려주었습니다. "하느님의 아들이 1세기 팔레스타인의 문화 속으로 나아오셨듯, 나도 작은 방식으로나마 여기 주변에 사는 스리랑카 출신 사람들에게 나아가려 하는 중인 거야."

　자신의 지역 교회에서는 약간 다르게 이야기를 전했습니다. "한 세기가 넘도록 우리는 해외 선교를 후원했습니다. 이제는 해외에 사는 사람들이 우리에게로 다가왔습니다. 이 상황에서 우리는 무엇을 할 수 있을까요?" 스리랑카 출신 여성들에게는 또 다르게 이야기했습니다. "우리는 여러분의 선한 이웃이 되고 싶습니다. 런던의 이 지역에 오신 것을 환영합니다. 다과회에 여러분을 초대하여 영어를 연습하실 수 있도록 돕고 싶습니다."

　이 이야기들 각각은 일관되게 공통 맥락을 견지하면서도 청중의 전통이나 역사에 결부되어 있습니다. 캐롤라인 자신을 향한 이야기는 자신의 교회가 뻗어 나가는 모습을 보고자 하는 그녀의 오랜 열정과 결부됩니다. 교회를 향한 이야기는 그곳의 해외 선교 후원 전통과 결부됩니다. 그리고 스리랑카 출신 여성들을 향한 이야기는 영국에 도착한 그들의 최근 역사와 결부됩니다.

　이야기하기는 혁신 과정에 필수적입니다. 많은 혁신가와 혁신을 이루려는 조직은 본능적으로 이야기하기를 수행합니다. 그러나 혁신가가 이야기하기에 보다 주의를 기울인다면, 특히 본인이 말을 걸고 있는 청중의 갖가지 전통과 관심사에 자신의 이야기가 어떻게 결부되고 있는지 주의를 기울인다면, 어떤 이야기들은 훨씬 더 좋아지지 않을까요?

증폭하기

혁신의 네 번째 과정은 증폭하기입니다. 증폭되는 과정을 통해 혁신은 뿌리내리고 성장하고 퍼져나갑니다. 좋은 이야기는 확실히 이 과정에 도움이 되고, 좋은 네트워크도 마찬가지로 도움이 됩니다. 사람들이 잘 연결되어 있다면 (그리고 그들이 혁신을 좋아한다면) 혁신은 네트워크를 통해 빠르게 퍼져나갈 것입니다. 사람들이 잘 연결되어 있지 않다면 혁신은 훨씬 느리게 퍼져나갈 것입니다.

그러한 네트워크에서 연결자connectors의 역할은 특히 중요합니다. 연결자는 사람들을 많이 알고 있으면서 그 사람들이 자신의 견해를 진지하게 받아들이게끔 하는 사람입니다. 선교계에서는 보통 '평화의 사람들people of peace'로 알려진 사람들이지요. 그들은 친구들과 연락이 닿는 사람들에게 문을 활짝 열어둡니다. 여러분이 좋은 연결자의 지원을 받는다면 그의 친구, 이웃, 친척 가운데 많은 사람이 여러분의 혁신 이야기를 듣게 될 것이고 관심을 보일지도 모릅니다.

캐롤라인 본인은 거의 확실히 어떤 식으로든 연결자였습니다. 지역 초등학교 교사로서 그녀는 자신이 만날 수 있기를 원했던 스리랑카 가족 상당수를 알고 있었습니다. 자신이 가르쳤던 아이들의 어머니들을 초대할 수 있었고 이곳에 와서 봉사해달라고 부탁할 자기 교회 사람들도 알고 있었습니다.

연결자의 역할을 이해하는 것은 중요합니다. 혁신가나 혁신을 이루려는 팀에 사람들을 연결하는 재능이 부족한 경우, 아마도 혁신은 팀 외부의 연결자를 설득하는 일부터 성공해야 가능해질 것입니다. 연결자가 설득되어야만 자기 네트워크에 그 혁신을 소개할 것이고 그래야 비로소 혁신은 퍼져나갈 수 있을 것입니다. 일부 사회적 환경에서는 부득이하게 사람들이 잘 연결되어 있지 않은 곳에서 연결자를 찾으려고 애를 써야 할 수도 있고 결국 연결자를 찾지 못할 수도 있습니다. 이런 경우는 어쩔 수 없이 혁신이 느리게 퍼져나가거나 희망보다 작게 끝나버리게 될 수도 있지만 그렇더라도 혁신가는 좌절하지 말아야 합니다. 혁신에 내재하는 결함으로 인해서가 아니라 불가피한 사회적 맥락으로 인해서 그런 것이기 때문입니다.

물론 연결자 자신이 가진 것만으로는 충분하지 않습니다. 연결자가 어떤 이야기를 네트워크에 가지고 가서 사람들에게 전해주려면 그 이야기는 우선 그 연결자 본인에게 큰 감동을 주어야 합니다. 그렇기에 이야기하기는 대단히 중요합니다. 각각 다른 혁신 과정을 함께 살펴보는 것이 중요한 이유도 마찬가지입니다. 각각의 혁신 과정들은 서로 겹치며 서로가 서로를 키워갑니다.

혼란의 가장자리에 있기

다섯 번째 과정은 '혼란의 가장자리'에 있는 것입니다. '가장자리'라는 말은 질서와 혼란 사이의 경계에 주목하게 합니다. 혁신은 질서정연한 방향으로 지나치게 멀리 나아가면 너무 이른 시기에 그 모습 그대로 고정되어 버리는 경향이 있습니다. 그렇게 되면 그 이상의 발전은 억눌리고, 혁신의 잠재력을 확장할 수 있는 가능성은 질식하고 맙니다. 반대로, 혼란스러운 방향으로 나아가는 것은 가변성과 변화를 향해 가는 것이고 질서에서는 멀어지는 것입니다. 이 방향으로 지나치게 멀리 가는 것은 위험합니다. 자칫 한순간에 낭떠러지로 떨어질지도 모릅니다. 변화가 너무나도 많습니다. 모든 것이 흔들리고 무너져 내리고, 결국 혼란한 상태로 끝나버리고 말 수도 있습니다.

혁신가는 질서와 변화 사이에서 균형을 잡아야만 합니다. 너무 빨리 지나치게 많이 바뀌기를 바라는 사람은 없습니다. 한꺼번에 너무 많이 바뀌면 사람들은 압도당할 것입니다. 모험에 발을 담그기에는 너무 혼란스럽다고 느껴지면 사람들은 돕기를 거절합니다. 혁신가는 반대의 방향에서도 조심해야 합니다. 안주해 멈춰버리지 않도록 말입니다. 판에 박힌 일상에 만족해버리면 혁신을 강화할 기회를 놓치게 될 것입니다. 제대로 균형을 잡는 것은 바로 혼란의 가장자리에 있는 것입니다.

캐롤라인의 언어 카페는 쉽게 안주해 멈춰버릴 수도 있었습니다. 그녀와 봉사자들은 매주의 패턴을 안정적으로 따랐습니다. 오후 다과회가 제공되고, 손님들은 한 가지 주제에 대해 영어로 말할 수 있도록 격려를 받고, 행사가 끝나면 강당을 정리했습니다. 매주 목요일마다 말이지요. 캐롤라인과 그녀의 팀은 반복되는 일상 속에서 손님들이 작게나마 하느님 나라를 맛볼 수 있도록 유용한 봉사를 제공하고 있다는 생각으로 편안해질 수 있었습니다.

그러나 캐롤라인은 만족하지 않았습니다. 그녀는 열려 있었고, 실로 그 이상의 무언가를 바라보고 있었습니다. 내가 파이어니어 훈련 수업에서 그녀를 처음 만났을 때, 그녀는 자신의 언어 카페를 설명하며 이렇게 말했습니다. "우리는 좀 멈춰 있는 것 같아요. 어떻게 해야 다음 단계로 나아갈 수 있을지 모르겠어요. 저는 적절한 방식으로 여성분들과 복음을 나눌 수 있으면 좋겠어요. 하지만 우리는 방법을 모르고 있어요." 변화를 수용하는 분명한 태도가 여기에 있었습니다. 캐롤라인은 혼란의 가장자리를 향해 몸을 기울이고 있었습니다.

나는 '여성들이 원한다면 팀 안에서 기도 요청을 받아주고, 또 그들에게 자신들을 위해 기도해달라고 부탁해보면 어떨까' 하고 제안했습니다. 캐롤라인은 이 제안을 받아들여 기도 게시판을 설치하기로 하고 자신의 팀으로 돌아갔습니다. 여성들은 자신의 기도 요청을 게시판에 핀으로 꽂아 두었고, 본인들의 요청에 대해 말하기 시작했습니다. 카페의 영적 온도는 상승했고 그녀의 팀은 그 주간의 다른 시간에 열리는 알파 코스_{Alpha course} 참석을 더 쉽게 제안할 수 있게 되었습니다.

카페는 오후 다과회, 식탁에 둘러앉아 이야기 나누기 등 매주 반복되는 그곳만의 전통을 개발하고 있었습니다. 캐롤라인은 그 전통에 갇히기를 거부했습니다. 그녀는 카페가 손님들에게 제공하는 것을 강화할 수 있는 더 많은 혁신의 가능성에 자신을 계속 열어두었습니다. 혼란의 가장자리에 있기란 혁신을 통해 드러나고 있는 전통에 충실한 상태와 더 많은 변화에 열려 있는 상태 사이의 경계 위에 걸터앉아 있는 것입니다.

어떤 사람들은 이것을 불편해합니다. 자기 자신이 완전하게 주도권을 쥐고 있는 것이 아니기 때문입니다. 캐롤라인은 더 많은 것에 열려 있었지만 무엇을 해야 할지 몰랐습니다. 그녀는 어떤 외부 자극이 필요했고 그것은 그녀의 주도권을 넘어선 것이었습니다. 답을 찾을 수 없었기에 그녀는 약간 좌절감을 느꼈습니다. 그녀가 할 수 있었던 전부는 기다리며 물음을 던지는 것이었습니다. 어디서 답이 오게 될지, 심지어는 답을 얻을 수 있을지조차 알지 못했습니다. 그러나 '기꺼이 불확실성과 더불어 살아가려는' 이 의지는 성공했습니다. 그녀는 카페의 여정을 다음 이정표로 옮겨준, 기대하지도 않았던 제안을 반갑게 받아들일 준비가 되어 있었습니다.

혁신 가운데서 모든 일을 자기 손으로 주도하길 원하는 지도자들은 너무나도 흔합니다. 그들은 가능성을 닫아버립니다. 그렇게 함으로써 자신들의 계획에 질서를 지나치게 부과하고, 더 많은 유익한 발전을 놓쳐버리는 위험을 떠안습니다. 이것은 성령을 방해하는 것으로 생각될 수 있습니다. 성령이 행하실 여지를 남겨두는 것은 불확실성과 더불어 살아가는 가운데 미래를 열어두고, 기대하지 않았던 방향에서 오는 변화를 맞이할 수 있도록 준비하는 것입니다.

변혁되기

마지막 과정은 변혁되기입니다. 혁신은 참여한 사람들 사이에 어느 정도 변혁을 가져옵니다. 캐롤라인이 만난 스리랑카 여성들 가운데 몇몇은 알파 코스에 참석했고 그 후로도 정기적인 성서 공부 모임을 통해 몇 해 동안 계속해서 만났습니다. 그들의 앞날과 행동에는 결과적으로 어떤 변화가 일어났을까요? 한 사람은 카페를 통해 도움을 받아 직장을 구하게 되었습니다.

혁신이 그 혁신을 이끌어가는 사람들의 정체성에 미치는 영향은 바로 이 '변혁되기' 과정에서 보게 되는 중요한 측면입니다. 이 점은 쉽게 간과됩니다. 캐롤라인의 봉사자들은 자신감을 얻고 자신을 더 유능한 존재로 보기 시작했습니다. 캐롤라인의 정체성은 큰 진전을 이루었습니다. 카페를 시작하기 전, 그녀는 '재능을 가진 채 회중석에 앉아 있는 누군가'로 자신을 인식했습니다. 카페의 성공적인 시작은 그녀가 새로운 무언가를 이끌어갈 능력이 있는 사람으로 자신을 보게끔 용기를 북돋우어 주었습니다. 그녀는 자신을 다르게 보기 시작했고, 이는 서품을 향한 그녀의 여정을 확정지어주었습니다.

그녀의 지역 교회도 자신들을 다르게 보기 시작했습니다. 선교를 통해 교회 공동체는 자신감을 얻었고, 이는 메시 교회Messy Church와 채무상담센터debt counselling centre를 시작하는 데 크게 공헌했습니다. 교회는 변함없이 같은 전통을 지켜가면서, 그 전통을 새로운 방식으로 표현하기 시작했습니다. 따라서 혁신은 전통을 위협할 필요가 없습니다. 전통이 고비를 넘겨 새로운 시대를 누릴 수 있도록 해주는 것이 혁신입니다.

신학적 토대

불만족하기, 탐구하기, 납득이 되게 하기, 증폭하기, 혼란의 가장자리에 있기, 변혁되기. 이 여섯 가지 혁신 과정은 어떤 신학적 개념을 통해 조망될 수 있을까요? 어떤 이들은 창조에서부터 시작하자고 제안합니다. 하느님이 우주를 창조하셨을 때, 그분은 혁신을 이루셨다는 것이지요. 그러나 그리스도인은 전통적으로 창조가 무에서부터 이루어졌다고 말해왔습니다. 하느님은 '이미 존재하는' 어떤 물질도 사용하지 않으시고 우주를 형성하셨습니다.

혁신가가 일하는 방식은 그렇지 않습니다. 그들은 아무것도 없는 상태에서 시작하지 않습니다. 자신들이 이미 가지고 있는 것과 함께 시작합니다. 실제로 혁신을 특징짓는 본질, 특히 급진적인 혁신의 본질은 이전까지 따로따로 있었던 둘 이상의 요소를 하나로 모으는 데 있습니다. 카페와 교회는 분명한 한 가지 사례입니다.

창조에서부터 혁신의 신학을 쌓아 올리기보다는 새 창조를 성찰하는 편이 더 좋습니다. 하느님 나라는 우주적 규모의 혁신입니다. 하느님은 존재하고 있는 피조물에 불만족하셨습니다. 그래서 그분은 새로운 질서, 곧 하느님 나라를 가져오시기 위해 당신께서 가지고 계셨던 것, 즉 있는 그대로의 세계와 함께 시작하십니다. 성서는 이 새로운 나라를 이해할 수 있도록 우리를 도와주는 다양한 이야기를 품고 있습니다. 그러한 이야기들 가운데 한 가지는 그분의 나라가 겨자씨와 같다는 이야기입니다. 씨는 정원의 커다란 나무들 가운데 하나로 자라납니다. 하느님의 나라는 증폭됩니다.

동시에 그분의 나라는 언제나 혼란의 가장자리에 있습니다. 그 나라는 새로운 것들을 가져오지만, 그러한 새로움은 기존의 것들과 통합됩니다. 그래서 요한의 묵시록은 '새 하늘과 새 땅'에 대해 이야기할 수 있습니다. 하느님의 나라는 새롭지만, 우리가 친숙하게 알고 있는 우주로서 인식할 수 있는 것입니다. 그분의 나라는 지나치게 질서정연하지도, 오래된 것이 완전히 파괴될 정도로 너무 호들갑스럽게 새롭지도 않습니다. 그 나라의 결실은 변혁된 우리의 정체성입니다. 우리는 하느님의 자녀로, 그리스도의 자매와 형제로 변혁되었습니다.

혁신은 하느님의 미래가 현재를 재형성하기 시작할 때 일어납니다. 전통의 소멸은 혁신의 결과가 아닙니다. 혁신의 결과는 전통의 변혁입니다. 하느님 나라는 역사에 새로운 생명을 줍니다. 말하자면 혁신은 전통을 기름지게 하고, 전통은 혁신이 자라나는 땅이 되는 것이지요.

새로운 것이 태어나기에 앞서

오래된 것이 적절하지 못한 것으로

드러나야 합니다.

모두를 계속 만족시키는 것이

관리의 주요 과제라고 믿는 지도자들에게

이것은 도전이 되는 일입니다.

혁신을 원한다면

만족하지 않는 사람들이 필요합니다.

– 마이클 모이나

현존 미래를
묵상하기

이언 애덤스

우리를 둘러싼 세상은
비틀비틀 휘청휘청 빙빙 돌지.
겉만 보면 이치에 맞지 않고
혼란스레 무섭기만 해.
불안정을 당연하게 여기네.
모든 선한 것은 위협을 당하네.
오직 어둠만이 올 테지.

그러나 더 나은 미래가 가능해.
이보다 평화롭고 정의로운
희망찬 세계
유대-그리스도교 전통의 심원하고도 영원한 꿈

뭔가를 해내는 것이 타고난 우리 본능
더 나은 미래를 가져오기 위해
행동하는 것
변화를 일으켜내는 것
그래, 실천이 문제야.
그렇지만 모든 것에 앞서 필요한 게 있지.
우리가 바뀌어야 해.

아름다운 미래는
우리 안에 먼저 모습을 이루어야만 해.
지금 여기에서
이토록 연약한 현재 가운데에서
네 안에 그리고 내 안에

온통 가득 찬 야만
여기서 시작되는 부드러움
매끄럽게 구르는 조약돌.[1]

우리 평화만이 평화로운 세계를 만든다네.
우리 불안함은 불안정한 세계를 만든다네.
우리 무서움은 무서운 세계를,
우리 분노는 분노하는 세계를.

행동하기 전에
우리 평화를 다시 발견해야만 해.
우리 사랑받고 있음을 새로이 느끼며 찾아지는 평화
환히 밝은 들판
어떤 지점에서 고요히
거기서부터 가능해지지.
세계와 어우러져 그 모습 선하게 바뀌도록 돕는 일

고요히 머물 그 지점을 찾아.
네가 사랑하는 새벽
지금, 새날로 일어서네.[2]

이 일은 대단히 집중해야 할 일
연습하고 배워 열중해야 할 삶의 길
우리 하느님의 소유임을 발견하게 되는 과정
그러니 그 평화는
간절히 바라던 것에서 오네.
가끔 문득 알게 되지.
우리가 누구인지.

이것이 묵상하는 길

그것은 언제나 조용한 생명력으로 있는 것

때로는 느끼지 못할지라도

그리스도인의 생활과 선교의 중심에

군중을 보내신 뒤에 조용히 기도하시려고 산으로 올라가셔서

날이 이미 저물었는데도 거기에 혼자 계셨다. (마태오 14:23)

묵상하는 길은 언제나

고요를 연습하는 가운데 시작되네.

기도로 이어지는 고요

거룩한 만남의 가능성을 활짝 여는

전통이 경험해온 대부분의 시간
이 길을 보기란 쉽지 않았네.
어떤 계절에는 그저 어둡기만 할지도
때로는 숭고할지도

그러나 언제나 알게 해주는 선물
우리가 사랑받고 있다는 것을
모두에게, 모든 것에, 하느님께
깊이 연결되어 있다는 것을
우리를 몰아대는 에너지와 함께
현존하는 사랑과 함께
우리 세계 속으로

내면의 침묵을 얻으면
그것을 세상 가운데 함께 가지고 다니며
어디에 있든지 기도할 수 있게 된다. (토머스 머튼)

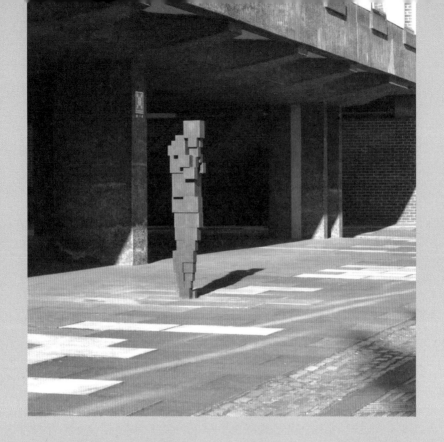

고요는 실천의 근원이 된다네.
거기서부터 가능해지고 풍성해지는
고요는 묵상할 때 피어나는 잠잠한 섬광
실천으로 옮겨 붙는 불꽃

미래를 선한 모습으로 고치고 싶은가?
고요의 연습으로 기도를 키워내자.
하느님과 이웃을 향한
우리 사랑이 깊어지도록
그리고 우리 실천에 영감을 불어넣도록

그리하여 하느님 은총 가운데
지금 여기에서
아름다운 미래가 모습을 이루어가네.
네 안에 그리고 내 안에
이토록 연약한 현재 가운데
오늘, 날마다

돌팔매질하고 바위로 찍어 누르고 싶은
충동에 저항하라.
돌들을 치워버려라.
평화만이 변화를 가져오리니.[3]

사진:

이 작품에 사용된 사진은 2017년 겨울과 봄, 여름에 걸쳐 모두 이언 애덤스가 찍은 것이며 케임

브리지대학교 시지윅 구역에 설치된 앤터니 곰리Antony Gormley의 작품 〈Daze IV〉를 촬영한

것이다.

미주

1   Ian Adams Unfurling Canterbury Press 2015

2   Ian Adams Unfurling Canterbury Press 2015

3   Ian Adams Unfurling Canterbury Press 2015

갇혀 있는 상상력을 열어주기

맥스 해리스

최근에 쓴 책에서 나는 우리 정치에 가치가 메말랐다고 주장했습니다.[1] 정치는 공학적인 문제로 여겨지고 전문 기술관료들의 전유물처럼 보이게 되었으며 가치판단은 흐려졌습니다. 동시에 1970년대와 1980년대 이후로 세계 곳곳의 사회에서는 사리사욕과 이기심이 급증했습니다. 부분적으로는 신자유주의적인 경제개혁 때문이었습니다.

그러한 이기주의의 급증 때문에 가치를 나누는 일에 관해 말하기가 더욱 어려워졌습니다. 게다가 정치에서 방향감각은 전반적으로 사라져버렸습니다. 미국을 다시 위대하게 만들자는 구호와 브렉시트Brexit의 여파로 영국에서 언급되고 있는 '제국 2.0Empire 2.0'처럼 과거를 향한 동경이 정치에서의 방향감각을 대체했습니다. 그렇게 정치가 향해야 할 목적지에서 멀어지는 가운데 가치도 증발해버렸습니다.

다시금 우리 정치의 중심에 가치를 두어야 합니다. 가치에 의해 동기를 부여받고, 일하는 가운데 가치를 구현하고, 결과에서 가치를 지켜낼 정치 종사자들이 필요합니다. 가치는 머리뿐 아니라 마음에도 연결됩니다. 원주민 공동체나 종교 기관을 비롯한 많은 전통에서 가치는 오랫동안 의사결정의 기초가 되어왔습니다.

그저 아무 가치나 중심에 두어야 한다는 것이 아닙니다. 우리 정치에는 돌봄care, 공동체community, 그리고 창의성creativity의 가치가 특히 부족합니다. 이 3C가 정치에 대한 새로운 접근방식의 기초를 형성할 수 있으며, 이러한 새 접근방식은 정치 환경에서 더욱 소극적으로 다루어질 뿐인 또 다른 가치, 즉 사랑의 가치에 의해 뒷받침될 수 있습니다. 정치에 대한 이 새로운 접근방식을 '사랑의 정치a politics of love'라는 이름으로 요약할 수 있습니다.

나는 내가 성장하고 생애 대부분을 살아온 나라인 뉴질랜드의 정치와 관련해 이러한 주장을 펼쳤습니다. 이러한 주장은 다른 사회에 널리 적용될 수 있습니다. 특히 영국에 적용될 수 있고, 그밖의 국가들에도 가능하겠지요. 영국은 1980년대에 이루어진 대처Thatcher의 개혁이 몰고 온 여파로 규범의 변화, 새로운 상식의 등장을 보았습니다. 그것은 여러 기관 단체 그리고 '함께 노력하는 공동체로서의' 사회라는 관념에 도전이 되었습니다. 토니 블레어Tony Blair 정부는 특별히 '효과적인 것what works'을 표방하며 기술관료적 접근방식을 철저히 도입했습니다. 가치와 상관없이 정책의 '효과work'가 의미하는 바를 판단할 수 있다고 암시함으로써 가치 판단을 흐리는 기만적인 표어들을 내세워서 말이지요. 또한 최근 영국 정치는 방향감각을 상실했습니다. 정치적 활동의 최종 목표를 분명히 표현하는 데 실패하고 있습니다. 단언컨대 영국 또한 돌봄, 공동체, 그리고 창의성의 가치에 더해 사랑의 정치로 돌아가야 합니다.

이번 장에서는 가치에 기초한 정치의 기본적 얼개를 특정한 정책 분야 한 곳에 적용합니다. 바로 교도소와 형사 정책입니다. 먼저 가치에 기초한 관점에서 바라본 교도소의 문제점을 개괄적으로 설명하고 그 다음으로 2015년 말 노르웨이에서 이루어진 현장 연구에 기초하여, 구금에 대한 노르웨이의 접근방식의 개요를 간략히 제공합니다. 마지막 부분에서는 특별히 교도소 정책 분야에서 가치에 기초한 접근방식을 발전시키기 위해 무엇을 이루어야 할지 몇 가지 성찰을 제안합니다.

처음에 몇 가지 주의사항과 더불어 개념을 명확하게 해둘 필요가 있습니다. 일반적인 수준에서 교도소에 대한 논의를 진행하기 때문에, 대규모 구금과 관련해 세계에서 새롭게 일어나고 있는 일부 사태들은 다루지 않았습니다. 예를 들어, 이어지는 본문 내용에는 이민자를 수용하는 데 교도소를 사용하는 일에 대한 논의가 거의 없습니다(이것은 더 연구해야 할 가치가 있는 주제입니다). 정치라는 어휘는 단순히 선거에 의한 정치를 의미하는 것이 아닙니다. 정치는 관념, 개인, 기관과 정체성이 권력을 얻거나 잃는 방식을 의미하는 말입니다. 선거 정치는 권력 투쟁에 영향을 미치는 하나의 중요한 힘이지만 올바르게 이해된 선거는 정치의 유일한 구성요소가 아닙니다. 사실상 캠페인, 조직적인 행동, 그리고 돈, 이런 것들이 모두 권력 투쟁에 작용하는 더 큰 힘입니다.

돌봄, 공동체, 창의성과 사랑은 어떤 의미일까요? 돌봄이란 다른 사람과 환경에 대한 깊은 관심을 나타냅니다. 공동체는 우리가 상호의존적이라는 인식과 관련되어 있습니다. 창의성은 놀이, 상상력, 그리고 무언가를 만들어내는 일에 대한 것입니다. 나는 사랑을 '다른 사람을 향해 방향을 잡은 깊은 온기의 감각'이라고 봅니다. 사랑의 정치란 내가 작가 필립 맥키빈Philip McKibbin과 함께 처음으로 발전시킨 개념인데,[2] 그야말로 거기에 종사하는 사람들이 사랑에 의해 동기를 부여받고, 일하는 가운데 사랑을 구현하고, 결과에서 사랑을 지켜내는 정치입니다.

이 책의 다른 저자들과 달리 나는 신학적 배경이 깊지 않고, 신학이나 영성에 관해 전문적인 주장을 펼치려 하는 것이 아니라 영성에 깊은 관심을 품은 한 개인의 관점에서 작성한 것입니다. 나는 '가치에 기초한 정치'와 '다양한 형태의 영성' 간 연속성과 교차점을 인정합니다.

교도소는 무엇이 잘못되었을까?

교도소는 어떤 점에서 잘못된 기관일까요? 첫째, 교도소는 사회적 접촉을 제한합니다. 교도소는 사람이라면 누구나 가진 기본적 욕구인 사회적 상호작용을 제한할 목적으로 설계된, 말하자면 '고독을 강제하는' 기관입니다. 수감자가 상호작용할 수 있는 사람은 다른 수감자, 경비, 그리고 교도관뿐입니다. 마오리어로 '아오테아로아'라고 하는 나의 고향 뉴질랜드에서는 수감자에게 일주일에 한 번, 30분만 면회할 기회를 줍니다(그 이상의 면회는 별도의 승인을 얻어야 합니다).[3]

둘째, 교도소는 암암리에 수감자를 '정상이 되지 못한 인류의 변종' 쯤으로 여기는 태도를 취합니다. 교도소는 공동체에서 분리되어 있습니다. 한 작가의 말에 따르면, 이런 식으로 '사회는 수감자를 떼어내어 … 방치합니다.'[4] 범죄학자 니콜라 레이시Nicola Lacey와 심리학자 한나 피카드Hanna Pickard는 이렇게 하는 것이 수감자를 '사회에 속하지 못한 사회 밖 존

재'로 보게 만들며, 바로 그것이 수감자의 사회 재통합에 해를 끼친다는 사실을 관찰했습니다.[5]

셋째, 구조적으로 교도소는 사회 복귀를 돕기 위한 시설일 수가 없습니다. 교도소는 '교정기관'이라고 불리지만 수감자 주위에 온통 다른 수감자밖에 없다면 재소 기간 중에 '교정'을 달성하기는 어렵습니다. 최근에 출소한 한 수감자는 교도소를 '다음 세대 수감자(정확히 이렇게 표현했습니다)를 위한 예비학교'라고 묘사했습니다. 뉴질랜드 최고 소년법원 판사 앤드루 베크로프트Andrew Becroft는 교도소를 '범죄를 배우는 학교'라고 불렀습니다.[6] 수감자가 변화하기 위해서는 '잘못을 갚을 수 있을 자신의 선함에 관한 자기진술서Redemption scripts'가 중요합니다. 그러나 교도소 안에 있으면서 매일같이 범죄자로 취급받는 것이 자기 정체성이 되는 상황에서는 그러한 자기진술서가 나오기 어렵습니다.[7]

교도소는 바깥 세계와 같기는커녕 최소한 비슷하지도 않습니다. 따라서 교도소에서의 생활이 사회 복귀에 도움이 될 리 없습니다. 애초에 교도소는 바깥 세계와 다르게 만들려는 목적으로 설계된 곳입니다. 예를 들면, 자유롭게 움직이거나 이동할 수 없습니다. 모든 사회적 상호작용과 면회는 승인을 받아야만 가능합니다. 이밖에도 다른 여러 종류의 신체적 자유를 박탈당합니다. 교도소를 통해 사회 복귀가 이루어질 수 없다는 것이 확실하다면 복역을 마친 사람이 출소하여 사회로 복귀하는 것은 매우 위험한 일이 됩니다. 교도소는 공공 안전에 도움이 되지 못하고 사회를 (더 취약하게 만들지는 않을지라도) 취약한 상태 그대로 놔두게 만드는 것입니다.

넷째, 교도소는 공공의 시각에서 가장 심각한 사회적 문제를 배제해 버립니다. 이러한 배제는 그 심각한 문제를 해결하고자 하는 실질적인 시도들을 자꾸만 뒤로 미뤄지게 만드는 데 영향을 미칠 수 있습니다. 교도소 폐지론자이자 작가인 앤절라 데이비스Angela Davis는 이 점을 잘 표현했습니다. '교도소는 사회 문제, 특히 인종차별과 세계 자본주의가 불러일으키는 문제의 급증에 진지하게 관여해야 할 우리의 책임을 덜어준다.'[8]

교도소는 특히 백인우월주의, 정신건강 문제 및 약물 오남용에 관여해야 할 우리의 책임을 덜어줍니다. 뉴질랜드에는 (2010년 통계에 따르면) 약 8,500명의 수감자가 있는데, 그 가운데 89퍼센트가 삶의 어떤 시점에서 약물 남용자였던 것으로 추산되었습니다. 60퍼센트의 수감자는 성격장애를 겪고 있습니다. 52퍼센트는 불안장애나 정신장애를 경험했습니다. 남성 수감자 64퍼센트와 여성 수감자 54퍼센트는 두부외상을 겪었습니다.[9] 수감자 가운데 90퍼센트가 적절하게 읽거나 쓸 수 없습니다.[10] 그러므로 수감자가 자살할 확률이 인구 일반보다 11배나 더 높다는 사실은 놀랄 일이 아닐지도 모르겠습니다.[11] 너무나도 비참합니다.

다섯째, 전 세계에서 교도소는 인종적 편견을 정당화하는 역할을 합니다. 교도소 명부를 보면 인종적 배경이 다른 소수자집단 출신이 눈에 띌 정도로 두드러지게 많은 것을 볼 수 있습니다. 아오테아로아, 즉 뉴질랜드에서 마오리족은 인구 일반의 15퍼센트밖에 안 되지만, 교도소 인구에서는 50.7퍼센트를 차지합니다. 2011년, 마오리족은 인구 10만 명당 704명이 교도소에 갇혔습니다.[12] 선진국 중에서 가장 높은 교도소 수감률을 보유한 나라는 미국인데, 마오리족의 수감률은 미국 전체의 수감률(10만 명당 698명)을 넘어섭니다. 뉴질랜드 정부는 여기에 대해 단 한 번도 언급한 바 없지만, 마오리족의 이처럼 엄청나게 높은 수감률은 부분적으로 다음과 같은 사실에 기인합니다. 즉, 마오리족의 높은 수감률은 식민 정책 치하의 마오리족이 겪어야 했던 지리적 혼란, 토지 몰수와 문화적 단절, 그리고 계속되는 식민지 경험의 트라우마 때문일 수 있으며, 마오리족 가운데 많은 이들이 뉴질랜드 인구 중에서도 가장 박탈당한 사람들의 범주에 속해 있고 그로 인해 범죄를 저지를 확률이 더욱 높은 것일 수 있습니다.

다른 요인도 작용합니다. 2009년의 한 보고서에 따르면 유죄 판결을 받은 범죄자 가운데 52퍼센트가 5년 이내에 또 유죄 판결을 받았습니다. 마오리족은 5년 이내에 또 범죄를 저질러 다시 교도소에 갇힐 확률이 마오리어로 '파케하'라고 하는 유럽계 뉴질랜드인보다 훨씬 높습니다. 47.3퍼센트가 재수감되는 파케하 범죄자와 대조적으로, 마오리족 범죄자는 58퍼센트가 재수감됩니다.[13] 마오리족이 다시 범죄를 저지르는 이유를 유전에서 찾을 수 없다면, 편견이 재범의 원인이라고 볼 수밖에 없습니다. 마오리족이 아닌 사람들보다 마오리족인 사람들을 훨씬 더 높은 확률로 다시 교도소에 집어넣도록 작동하는, 경찰이나 판사 또는 다른 사람들의 편견 말이지요. 실제로 2015년 뉴질랜드 경찰청장 마이크 부시Mike Bush는 마오리족에 대한 무의식적인 편견이 경찰 조직 내에 존재한다는 사실을 공식적으로 인정했습니다.[14] 영국 교도소에서 영국 흑인 비율이 높은 것, 미국 교도소에서 아프리카계 미국인 비율이 높은 것에 대해서도 비슷하게 이야기할 수 있을 것입니다. 수감 그 자체를 인종차별의 근거로 댈 수는 없지만 아주 은밀한 방식으로 인종차별적인 판결이 내려지도록 하는 배경인 것은 맞습니다.

여섯째, 교도소를 운영하는 데는 돈이 많이 듭니다. 뉴질랜드에서는 한 사람을 구금하는 데 한 해 9만 7,090달러가 듭니다. 한 사람이 1년 동안 대학 교육을 무료로 받을 수 있도록 모든 것을 지원하는 비용, 혹은 꽤 괜찮은 직장 연봉보다도 훨씬 큰 금액입니다.[15] 교육, 의료, 주거와 국민의 미래에 투자할 수 있는 국가 자원은 한정되어 있고 앞에서 묘사한 바와 같이 교도소가 수감자에게 도움이 되지 않는데, 이러한 투자를 한다는 것은 의문스러운 일입니다.

일곱째, 교도소는 목적을 달성하지 못합니다. 만약 교도소가 고유한 목적을 달성한다면 이러한 투자가 정당화될 수 있겠지만, 교도소의 존재 목적은 널리 알려져 있을 뿐 결코 달성되지는 못한다는 것이 문제입니다. 교도소는 인간 창고로서 존재합니다. 즉, 어떤 사람들을 공동체의 나머지 사람들로부터 분리시켜 확실히 가둬두는 역할을 합니다. 범죄자를 무능력하게 만드는 데는 어느 정도 성공적이라고 할 수도 있습니다. 그러나 증거들을 보면 범죄를 단념하게 만드는 것은 수감이 아니라 '체포될 가능성이 얼마나 되느냐'입니다. 수감될까 봐 범죄를 저지르지 않는 것이 아니라 쉽게 체포될 것 같으면 범죄를 단념하고 붙잡히지 않을 거라는 확신이 있으면 범죄를 저지른다는 말입니다. 따라서 수감 자체는 일반적인 의미로도, 특정한 의미로도 범죄를 억제하는 기능을 전혀 제공하지 않습니다.[16] 그러므로 (범죄가 합리적이고 체계적인 의사결정을 통해 발생한다고 가정할 때) 수감이 범죄를 억제한다고 주장하는 사람들이야말로 실정에 어두운 사람들입니다.

교도소가 사회 복귀에 이바지하는 환경이 될 수 없는 이유들은 지금까지 언급한 바와 같습니다. 교도소는 범죄를 저지른 사람들을 공적으로 비난하는 기능을 합니다. 그러나 다른 형태로 그 기능을 할 수는 없을까요? 예를 들면 범죄자들이 자기가 무슨 짓을 저질렀는지 그 해악을 알게끔 해줄, 좀 더 개인화된 과정과 법원 판결을 통해서 말이죠. 교도소는 우리에게 그릇된 안전의식을 심어주고 있는지도 모릅니다. 그런 그릇된 안전의식은 모두가 원하는 사회, 해로운 범죄를 최소화시킨 사회로 향해 가는 데 아무 도움이 되지 않습니다. 교도소는 다만 범죄자에게 고통을 주는, 다른 말로 하면 국가가 대신해서 복수해주는 역할을 할 뿐입니다.

어떤 사람들은 교도소가 필요악이라고 말할지도 모릅니다. 범죄자는 자신이 저지른 잘못에 대해 처벌받아야 마땅하고, 또 범죄자를 가둬둠으로써 피해자가 안전하게 보호받을 필요가 있다고 말이죠. 예를 들어

폭력 범죄나 반복되는 성범죄를 저지른 사람들은 사회와 그들 자신으로부터 보호를 받아야 합니다. 결국, 대안은 무엇일까요?

각각의 주장을 고려해야 마땅하지만, 어떠한 것도 교도소에 의해 발생하는 해악을 강력하게 보여주는 사례를 압도하지는 못합니다. 수감자가 받아 마땅한 것에 관해 말해봅시다. 어떤 개인들이 공적인 대응과 책임을 요구하는 끔찍한 행동을 해버리고 만 것은 사실입니다. 그러나 킴 워크맨Kim Workman이 말했듯, 교도소와 많은 수감자가 직면하는 고독의 경험이 과연 수감자에게 책임을 다하게 하는 것인지는 분명하지 않습니다. 더욱이 각각의 범죄에 '딱 알맞은' 처벌 혹은 범죄의 경중에 정확히 '비례하는proportionate' 대응이 무엇인지는 분명하지 않을 뿐만 아니라 시간이 지남에 따라 변해왔습니다.[17] 미국과 다른 곳에서 교도소 시스템이 설립된 1800년대 초기부터 교도소는 심각한 범죄에 대한 지배적인 접근방식으로만 비추어져 왔습니다.

피해자에게 수감을 통한 울타리가 필요하다는 주장도 이해는 되지만 더 연구될 필요가 있습니다. 모든 피해자의 필요를 일반화하지 않도록 조심해야 하지만(이는 피해자가 필요로 하는 울타리와 교도소 사이의 연결고리를 고착시켜버리는 문제의 한 부분입니다), 대부분의 피해자나 생존자는 자신의 안전이 보장되고 트라우마를 다시 겪지 않기를 바랍니다. 때로는 교도소가 피해자 안전에 대한 최고의 보증이 되지만, 피해자로 하여금 트라우마를 다시 겪게 하는 결과로 이어질 수도 있습니다. 형을 다 마치고 불가

피하게 수감자가 풀려나는 때를 포함해 말이지요. 피해자의 필요에 초점을 맞추기 위한 더 직접적인 전략은 범죄에 따른 피해자의 트라우마를 치유하기 위한 상담과 지원을 국가재정으로 제공하는 것입니다. 이 모든 것에서 피해자의 목소리가 경청되어야 하고 존중받아야 하지만, 가해자 및 피해자(피해자가 있는 사건의 경우)와는 별도의 조치로서 트라우마를 유발한 범죄에 적절한 대응을 결정하기 위해 법원 시스템이 존재한다는 사실 또한 기억해야 합니다.

개인과 사회의 보호와 관련하여, 실제로 어떤 사람들은 여러 가지 범죄를 평생 저지르며 살게 만드는 깊은 병리학적 문제를 안고 있습니다.[18] 이 설명은 성범죄를 저지르는 많은 이들과 마찬가지로 폭력 범죄를 저지르는 일부 개인들에게 적합해 보입니다. 이러한 개인들을 사회로부터 격리시키는 교도소는 사회와 그 개인들에게 필요한 보호를 제공하는 것으로 보입니다. 그러나 교도소가 사회적 접촉을 제한하는 인공적인 환경이기 때문에 수감자는 적어도 입소한 때와 마찬가지로 범죄를 저지를 가능성이 있는 (아마도 그럴 가능성이 더 큰) 상태에 그대로 남는다는 사실을 이미 앞에서 언급한 바 있습니다. 교도소는 일시적인 보호를 제공합니다. 그러나 사회에서 해로운 범죄가 사라지게 하는 데 정말로 도움이 되는 방법을 찾으려면 우리는 사회적 단위에서 더 열심히 생각하고 더 많이 일해야 합니다.

이 모든 것들을 종합해 결론적으로 말하자면, 수감을 대신할 대안이 없다는 주장은 그야말로 틀린 것입니다. 수감에 대한 대안을 마련하기 위해서는 단지 더 풍성한 상상력(또는 창의성, 진보적 가치를 상기하는 태도)이 요구될 뿐입니다. 단기 수감에 대해서는 경찰 수준에서의 견제, 전자장비를 통한 감시, 가택 구금, 회복적 정의를 비롯해 여러 가지 효과적인 대안이 이미 전 세계 곳곳에 마련되어 있습니다. 이러한 대안 가운데 몇몇은 한계가 있지만 정책적으로 다른 선택지가 존재한다는 사실을 드러내 보여줍니다. 장기 수감에 대한 대안에 관해 말하자면 다른 국가들, 특히 스칸디나비아반도에 있는 국가들에서는 많은 진전이 있었습니다. 뒤에 이어질 내용에서, 2015년 말에 이루어진 현장 연구를 바탕으로 노르웨이가 이 분야에서 이룬 바를 더욱 자세하게 논의합니다. 이는 수감에 대한 대안이 없다고 말하는 것이 기껏해야 과장임을 다시 입증합니다.

뒤로 물러나 돌봄, 공동체, 창의성, 그리고 사랑이라는 시금석으로 돌아가 봅시다. 우리의 기초적 가치를 지켜내는 시험에 교도소는 낙제하고 있다고 할 수도 있습니다. 교도소는 특히 개인의 사회적 접촉을 거부하는 방식으로 돌봄의 거부를 구현합니다. 교도소는 재소자에게 경계선을 둘러쳐 우리 공동체의 구성원이 아닌 자로 만들려 한다는 점에서 공동체라는 가치의 왜곡을 나타냅니다. 그리고 교도소는 창의성에 부합하지 않습니다. 교도소는 참으로 상상력의 실패입니다. 어떤 사회에서든 교도소는 범법 행위가 내던진 도전에 게으르고 엉성하게 대응한 결과입니다. 요컨대 교도소는 사랑의 정치에 대한 안티테제입니다.

이 부분에서 내가 강조하고 싶은 것은 우리가 공동체, 돌봄, 그리고 창의성의 가치에 전념하고 있다면 교도소를 현재 형태로 유지해서는 안 된다는 사실입니다. 무언가가 이루어져야만 합니다. 그렇지만 무엇을 해야 할까요? 그리고 어떻게 할 수 있을까요?

앤절라 데이비스가 '탈구금decarceration'이라고 부르는 것은 현재 형태의 교도소에서 멀어지는 데 유용한 틀입니다.[19] 탈구금은 대규모 구금이 가져오는 예기치 않은 영향을 급진적으로 역전시키는 데 관한 것입니다. 교도소를 당장 비우자는 게 아닙니다. 오히려 범법 행위에 대한 대응으로서의 수감에 의존하는 태도를 단계적으로 벗어나는 일에 관한 것입니다.[20] 탈구금은 구금을 줄이기 위해 안전과 성과를 담보해줄 수 있을 만한 특정한 지점을 찾아 목표로 삼는 일과 관련이 있으며, 관행적으로 실천되어온 구금의 실패를 대체하는 긍정적인 정책 접근방식으로 보완될 수 있습니다.[21]

노르웨이의 접근방식

형사사법적 정의에 대한 노르웨이의 접근방식은 널리 찬사를 받고 있습니다. 노르웨이에서는 10만 명당 74명의 비율로 사람들이 구금됩니다. 세계에서 가장 낮은 수치 중 하나입니다. 노르웨이 교도소는 인도적인 것으로 알려져 있습니다. 또한 노르웨이는 범죄 피해자를 위한 국가 보상을 포함해 선진적인 방식으로 피해자를 지원합니다. 뉴질랜드 법률재단의 재정적인 도움 덕분에 나는 2015년 말에 노르웨이를 여행하며 그러한 형사사법 제도가 어떻게 세워졌는지 탐구했습니다. 비공개를 전제로 판사 및 경찰관과 이야기를 나누었고, 형사변호사, 여성 인권을 위한 법률 비정부기구 종사자, 법학자 및 다른 이들(많은 청년을 비롯하여)과 대화를 가졌습니다.

노르웨이에 머무르는 동안 교도소를 방문할 수 있을지 문의해보았지만, 운이 따라주지 않았습니다. 그런 다음에 노르웨이의 공공 부문 대표 이메일 주소로 메시지를 보낸 후, 오슬로 시내에서 컴퓨터 앞에 앉아 있다가 난데없이 전화 한 통을 받았습니다. 노르웨이 교정서비스 부서의 친절한 근로자, 엘렌 비에르케Ellen Bjercke가 자신을 소개했습니다. 그녀가 전해준 좋은 소식은 내가 그곳에 머무르는 주에 노르웨이의 바스토이Bastøy 교도소를 방문할 수 있다는 것이었습니다. 나쁜 소식은 무엇이었을까요? 그곳은 몇 시간 거리에 떨어져 있어서, 자동차를 타고 오래 가야 하고 게다가 페리까지 타야 한다는 것이었습니다. 과연 다녀올 수 있을지 걱정되기 시작했는데, 비에르케가 나를 위해 기꺼이 운전해주겠다고 말했습니다. 놀라운 친절과 신뢰의 행동이었습니다.

며칠 뒤, 오슬로 해안가에서 아침 일찍 엘렌 비에르케와 만났습니다. 그녀는 운전하는 동안 쾌활하게 자신이 경험한 형사사법 제도를 이야기 해주며 나를 바스토이로 가는 페리까지 데려다주었습니다. 나를 내려주며 그녀는 페리가 바스토이 교도소의 재소자들에 의해 관리되고 운행된다는 사실을 말해주었습니다. 재소자들의 인력 개발에 대한 교도소의 사려 깊은 접근방식을 드러내는 한 가지 신호였습니다. 페리에서 승무원으로 일하고 있는 재소자들과 이야기를 조금 나누었고, 몇 분 지나지 않아 바스토이에 도착했습니다. 바스토이는 잔인함으로 악명 높은 인간들의 집이라고 하여 '악마의 섬'으로 불리곤 했습니다. 그러나 1980년대 이후 섬은 크게 바뀌었고, 이제는 열린 교도소가 자리한 구역이면서 동시에 넓은 길, 푸른 잔디밭과 키 큰 나무들이 있는 장소입니다.

작은 방에서 바스토이 교도소장 톰 에버하르트Tom Eberhardt를 만나 이야기를 나누었습니다. 그는 강인하면서도 친절해 보였습니다. 그는 나와 몇 명의 다른 방문객에게 바스토이에 대해 간단한 안내를 해주었습니다. 그의 설명에 따르면, 바스토이의 직원 대 재소자 비율은 매우 높습니다. 115명의 재소자(재소자 가운데 20~25명 정도는 해외 국적입니다)를 위해 72명의 직원이 일합니다. 바스토이로 이감되기를 원하는 재소자 대기 명단은 길었습니다. 거기서 재소자는 농업(밭, 산림, 또는 동물사육장), 건물과 시설의 유지 보수, 페리 운행, 교도소 주방, 도서관, 목공, 또는 근로 및 복지 관련 업무 중 하나를 선택해 일할 수 있습니다. 재소자 중 한 사람은 범죄학 박사 학위를 취득하기 위해 공부하고 있었습니다. 교도소에서 소비되는 음식의 20~30퍼센트가 섬에서 재배되고, 동물을 사육하는 일은 재소자에게 공감 능력을 가르치는 방법처럼 보였습니다.

이후 섬의 주거시설을 둘러보고 점심을 먹기 위해 산책을 했습니다.

재소자는 다양한 크기의 연립주택에 거주합니다. 기술을 가르치기 위해 재소자는 연립주택에 신중하게 배치됩니다. 위생 상태가 좋지 못하거나 사회적으로 생활하는 기술이 떨어지는 재소자는 해당 분야에 한층 더 나은 역량이 있다고 알려진 재소자 곁에 배치됩니다.

톰 에버하르트는 교도소 운영을 뒷받침하는 철학을 조금 설명해주었습니다. 열쇠가 되는 신조는 '평범성의 원칙'입니다. 그는 말했습니다. "매일 교도소에서 보내는 생활은 매일 교도소 바깥에서 보내는 생활과 달라야 하는 것을 뜻하지 않습니다." 에버하르트는 덧붙였습니다. "여기에서 지내는 것을 실제로 좋아하기에 재소자는 바르게 행동합니다."

또 다른 원칙은 '좋은 이웃 만들기'입니다. 교도소의 목표는 재소자가 다른 이들에게 의존하고 있으며, 다른 이들의 필요에 민감해져야만 한다는 사실을 강조하는 것입니다. 교도소장은 이렇게 언급했습니다. "출소하고 나면 재소자는 '다른 사람들의 사고방식을 상대해야만 할 것'입니다." 그렇다면 그 상호작용을 재소자가 교도소에 머무는 동안 공동체 내에서 준비시켜주지 말아야 할 이유가 있을까요? 그는 또 관찰했습니다. "사람들을 나쁘게 대우하면 그들은 억울해하고 화가 나게 될 것입니다. 좋은 이웃이 되는 것이 아닙니다." 따라서 재소자가 좋은 이웃이 되도록 돕는 일에는 재소자를 잘 대우하는 교도소가 필요합니다. 또한 바스토이는 우리가 '타고난 본성을 돌봄으로써 자기 스스로 책임'질 수 있다는 관념에 기초한 '인간 생태학적 교도소'입니다. 바스토이의 기능과 운영에 가장 중요한 것은 분명히 돌봄이었습니다. 에버하르트는 타고난 본성을 돌보지 않으면서 자기 자신을 돌볼 수는 없다고 말했습니다.

바스토이는 분명 성공적인 교도소입니다. 노르웨이 교정서비스 부서, 그리고 톰 에버하르트가 교도소를 자랑스러워하는 것은 정당한 일이지요. 바스토이에서는 지난 30년간 단 한 차례의 폭력 사건도 일어나지 않았습니다. 교도소는 재소자가 다시 사회에 통합될 수 있도록 돕습니다. 에버하르트는 '재소자가 사회를 향한 증오 없이 출소한다'는 사실 덕분에 그러한 도움이 가능하다고 했습니다. 그는 이렇게도 말했습니다. "우리는 그들의 희망을 빼앗아가지 않았습니다."

에버하르트는 정의란 복수에 관한 것이어야 한다는 관념을 거부했습니다. "[형사사법적 정의에 있어서] 복수는 노르웨이에서 자기 바지 안에 오줌을 싸는 것과 매한가지인 일입니다. 마려웠던 것을 해결하면 기분은 좋지요. 그렇지만 그 사람은 금방 얼어붙기 시작합니다."

노르웨이는 바스토이와 같은 교도소가 가능한 형사사법 제도를 어떻게 발전시켰을까요? 에버하르트에 따르면 '노르웨이 문화는 용서하는 문화'입니다. 덧붙여 그는 노르웨이의 정책 입안자들이 같은 물음을 던졌다며 공감 능력의 역할에 대해 말했습니다. "내가 내 자식을 위해 마련해주고픈 교도소 시설은 어떤 곳일까요?" 공감 능력에 대한 이러한 요점을 형사사법적 정의에 깊이 관심을 가지는 노르웨이 노동당 국회의원 카리 헨릭슨Kari Henriksen이 반복했습니다. 그녀는 폭력적인 상태가 되거나 범죄자가 된 자신을 스스로 상상할 수 있었고, 그러한 공감 능력이 정책 입안에 필수적이었다고 말했습니다. 그녀와 똑같이 말할 수 있을 만큼 충분히 용감한 영국 정치인이나 뉴질랜드 정치인은 잘 떠오르지 않습니다.

나는 오슬로로 돌아와서 노르웨이가 형사사법적 정의에 이처럼 독특하게 접근할 수 있었던 이유를 더 탐구해보기 위해 네 명의 KROM(노르웨이형벌개혁협회) 대표자인 토머스 마티슨Thomas Mathiesen, 올레 크리스티안 히엠달Ole Kristian Hjemdal, 스털라 팔크Sturla Falck, 크리스티안 안데네스Kristian Andenaes와 만났습니다. 토머스 마티슨은 현재 80대 나이의 저명한 노르웨이 범죄학자로 『폐지의 정치학The Politics of Abolition』과 『재판에 넘겨진 교도소Prison on Trial』를 비롯한 책들의 저자입니다. 히엠달과 팔크, 안데네스는 형사사법 제도에 관한 학술 연구를 마치고 실무를 경험한 전문가들이었습니다. 오슬로 시내에 있는 사무실 건물의 회의실에서 네 사람 모두 나를 따뜻하게 환영해주었고, 거의 두 시간 가까이 그들의 경험과 인상에 관해 담소를 나누었습니다.

그들은 형사사법 정책에 있어 노르웨이가 언제나 진보적이지는 않았다는 사실을 강조했습니다. 핵심적인 변화는 1970년대에 만들어졌습니다. 마티슨, 히엠달, 팔크와 안나스는 그러한 전환에 가장 중요하게 작용했던 세 가지 요소를 강조했습니다. 첫째로 1960년대와 1970년대의 시대적 분위기가 중요했습니다. "우리는 시대의 자식들입니다." 1968년은 특히 유럽에서 시위가 넘쳐난 해였고, 이어진 10년의 세월도 정치적 토론에 희망과 상상력의 감각을 가져다주었습니다. 이런 이유로 노르웨이에서 일어난 형사사법적 정의의 개혁은 '가치와 기초 정책 분야에서 일어난 더 큰 변화의 일부'였습니다.

두 번째 요소는 노르웨이 노동당 정치인 잉거 루이스 발러Inger Louise Valle의 노력이었습니다. 발러는 형사사법적 정의 분야에서 입법상의 변화를 도입하기 위해 최선을 다했고, 그러한 변화는 노르웨이의 교도소 인구가 감소하는 데 지대한 영향을 미쳤습니다.

세 번째는 KROM과 같은 모임들이 '오랜 기간 계속해 온 고집'입니다. 이런 모임들은 한층 더 위대한 용서의 정신을 노르웨이 사회에 단단히 뿌리내리기 위해 활동하고 있습니다. KROM 대표자들은 너무 많은 공을 자신들에게 돌리기를 주저했습니다. 그러나 그들과의 대화뿐 아니라 비공개를 전제로 한 다른 사람들의 발언에 비추어 보아도 KROM이 중요한 차이를 빚어낸 게 확실했습니다. 거의 50년 역사를 자랑하는 연례 회의를 통한 노력을 포함해 말이지요. 연례 회의에서는 재소자, 공공 부문 종사자, 변호사, 학자, 학생, 그리고 판사가 한자리에 모였습니다.

이제 요약해보면, 공감 능력(돌봄의 가치에서 그리 먼 것이 아닙니다), 진보적 가치를 지향하는 전반적인 분위기, 개별 정치인의 통솔력 및 고집스레 계속되어온 모임 활동이 노르웨이의 형사사법 제도가 인도적으로 바뀌고 용서를 추구하면서 크게 효과적일 수 있었던 주된 이유로 확인됩니다.

이러한 것을 일군의 관찰자 관점에서 바라보았습니다. 마티슨과 히엠달, 팔크, 안데네스는 노르웨이를 낭만적으로만 보여주지 않기 위해 애썼고, 최근 몇 년간 이루어진 처벌 지향적 구금정책으로의 복귀를 강조했습니다. 그렇기는 하지만, 단순한 복수 이상의 것에 기초한 국가 사법제도를 어떻게 세울 수 있을지 묻는 물음에 그들의 통찰과 바스토이 교도소 방문 경험은 어느 정도 힌트를 제공해주었습니다.

무엇이 이루어질 수 있을까?

탈구금의 과정에 착수하기 위해 영국과 같은 곳에서는 무엇이 이루어질 수 있을까요? 노르웨이의 사례는 몇 가지 교훈을 줍니다. 유지되어야 할 범위 내에서 교도소는 '평범성'과 '좋은 이웃 만들기' 원칙에 따라 재설계될 수 있습니다. 이러한 노선을 따라 재설계된 보호기관은 재소자 1인당 직원 비율이 높아야 하고 의미 있는(그리고 적절한 보수를 받는) 직무를 고를 수 있도록 선택지를 제공해주며 재소자가 교육을 받고 기술 습득을 할 수 있도록 지원해주어야 합니다. 교도소 인구의 규모를 줄이기 위해 다른 곳에서 빌려올 수 있는 구체적인 정책 아이디어도 있습니다. 단기 형벌을 대체하는 회복적 정의의 더 많은 활용(뉴질랜드 청소년 사법제도에서 사용되고 있는 것처럼), 마약 법원처럼 감독과 재활을 함께 제공하는 문제 해결적 법원에 대한 더 많은 재정적 지원, 원주민 인구가 있는 국가에서 원주민 범죄자에 미친 식민 지배의 영향을 판사가 고려하도록 지시하는 입법(캐나다에 이런 종류의 법이 있습니다), 사회 복귀에 대한 투자는 모두 취할 수 있는 현실적인 조치입니다. 교도소 '개혁'과 교도소 '폐지'는 가끔 서로 대조됩니다만, 접근방식 사이에 긴장이 있을 필요는 없습니다. 일련의 구체적인 조치가 변혁적인 변화에 더해진다면 교도소 폐지론자의 목표는 특정한 교도소 개혁을 통해 추구될 수 있습니다.

유용한 정책 목록 너머에 자리한 훨씬 근본적인 도전은 기초적 가치로의 전환을 법제화하는 것입니다. 그러한 전환은 앞에서 서술한 입법상의 변화를 정치인들이 더 쉽게 통과시키도록 만들어줄 것입니다. 어떻게 하면 정치적 가치는 이 장의 시작 부분에서 설명했던 가치, 즉 돌봄, 공동체, 창의성, 그리고 사랑 같은 가치로 전환될 수 있을까요?

위에서 아래로 향하는 정치적 통솔력과 아래에서 위로 향하는 정치적 압력의 결합이 필요할 것 같습니다. 그러한 가치에 의해 동기를 부여받고 삶을 폭넓게 경험하며 배움을 얻는 새로운 세대의 정치인들이 필요합니다. 그러한 가치에 이끌려 새로운 정치인들에게 압력을 가할 집단행동도 필요합니다.

우리 모두에게 주어진 책임은 이 프로젝트를 진전시키기 위해 현재 가지고 있는 기술과 자원을 무엇이든 사용하는 것입니다. 재정적인 면에 있어서든, 지적인 면에 있어서든, 혹은 실천적인 면에 있어서든 말이지요. 우리가 발휘할 수 있는 모든 전문지식, 모든 상상력, 그리고 모든 사랑이 필요할 것입니다. 우리는 무엇을 기다리고 있나요?

미주

1 이 책의 이름은 『뉴질랜드 프로젝트The New Zealand Project』(Bridget Williams Books, Wellington, 2017)이다. 이번 장의 내용은 『뉴질랜드 프로젝트』 7장에 기초하고 있다. 발췌한 내용을 재사용할 수 있도록 허락해준 브리짓 윌리엄스 북스 출판사에 감사드린다.

2 Max Harris and Philip McKibbin, 'The Politics of Love', *The Aotearoa Project*, 20 May 2015를 보라. https://theaotearoaproject.wordpress.com/2015/05/20/the-politics-of-love-maxharris-and-philip-mckibbin/ (2017년 9월 14일 최종 접속).

3 JustSpeak, *Unlocking Prisons: How We Can Improve New Zealand's Prison System* (2014, Rimutaka Prison Printing Press), p.63을 보라.

4 Michel Foucault, *Discipline and Punish* (Vintage Books, 1975), p.110.

5 Nicola Lacey and Hanna Pickard, 'To Blame or To Forgive? Reconciling Punishment and Forgiveness in Criminal Justice' (2015) *Oxford Journal of Legal Studies*, p.23.

6 JustSpeak, *Unlocking Prisons*, above n 1, at p. 60을 보라. 앤드루 베크로프트는 '범죄를 배우는 학교'라는 표현을 몇몇 공적인 담화에서 사용했고, 이 표현은 다음에도 나타난다. Judge Andrew Becroft, 'How to Turn a Child Offender into an Adult Criminal: Ten Easy Steps', Children and the Law International Conference, 7 September 2009.

7 Shadd Maruna, *Making Good: How Ex-Convicts Reform and Rebuild their Lives* (American Psychological Association, 2001)를 보라.

8 Angela Y. Davis, *Are Prisons Obsolete?* (Seven Stories Press, 2003), p. 16.

9 JustSpeak, *Unlocking Prisons*, above n 5, pp. 63-64.

10 같은 책, p. 67.

11 같은 책, p. 64.

12 Synod Prison Task Group, *Incarceration in New Zealand* (2011), p. 2.

13 JustSpeak, *Unlocking Prisons*, above n 5, at p. 55.

14 Harata Brown, 'Police Working on Unconscious Bias towards Māori', Māori Television, 29 November 2015. https://www.maoritelevision.com/news/national/police-working-onunconscious-bias-towards-maori (2017년 1월 11일 최종 접속).

15 같은 책, p.7.

16 같은 책, pp.17-21.

17 다음을 보라. Lacey and Pickard, 'To Blame or To Forgive? Reconciling Punishment and Forgiveness in Criminal Justice', above n 12.

18 이런 문제는 자주 '위험'이라는 용어로 묘사되는데 그런 용어들은 과학적 근거가 빈약하다.

19 Angela Y. Davis, *Are Prisons Obsolete?* (Seven Stories Press, 2003)을 보라.

20 Chase Madar, *Hard Time: Two Books Exploring the Roots of the Criminal-Justice Crisis*, BookForum, Sept/Oct/Nov 2017. 다음 주소에서 온라인 이용이 가능하다. http://www.bookforum.com/inprint/024_03/18449 (2017년 9월 13일 최종 접속).

21 Allegra M. McLeod, 'Prison Abolition and Grounded Justice' (2015) 62 *UCLA Law Review* 1156-1239 at pp. 1161-1172.

교도소는 창의성에 부합하지 않습니다.
교도소는 참으로 상상력의 실패입니다.

어떤 사회에서든 교도소는
범법 행위가 내던진 도전에
게으르고 엉성하게 대응한 결과입니다.
요컨대 교도소는
사랑의 정치에 대한 안티테제입니다.

– 맥스 해리스

교회 공간을
다시 상상하기

스티브 콜린스

모든 공간은 가치를 전해줍니다. 이것은 그저 외관으로 드러나는 스타일에 관한 문제가 아닙니다. 물리적인 공간 배치 자체가 특정한 권력 구조 및 행동과 관계를 가능하게 하거나 불가능하게 합니다. 우리의 필요가 주변 환경과 조화를 이루지 못할 때, 우리는 미묘하게 불편함을 느끼게 됩니다. 방 크기는 애매하고, 가구들은 어울리지 않고, 환대하려던 마음은 꺾이고, 전례적 의식은 답답하기만 합니다.

환경은 그 자리에 가만히 서 있는 게 아닙니다. 문화와 사회가 변하기 때문입니다. 따라서 대부분의 그리스도인 공동체들이 선조로부터 물려받은 공간에 대해 고심한다는 사실은 놀랄 일이 아닙니다. 우리는 우리와 다른 시대를 살았던 사람들의 신학적·전례적인 공간 배치 안에서 그저 머물다 떠날 뿐입니다. 임대주택에 사는 세입자처럼 말이지요. 과거의 그리스도인 공동체도 우리와 마찬가지 상황에 놓였었지만 그들은 우리와 달랐습니다. 자신들의 필요가 바뀜에 따라 거기에 맞게 주변 환경을 과감히 고치곤 했습니다.

여기에서 말하고자 하는 것은 뭔가를 완전히 뜯어고치거나 바꾸자고 하는 상호배타적인 해결책이 아닙니다. 단지 공간을 다르게 배치하는 방법, 그렇게 함으로써 지금까지와는 다른 방식으로 하느님의 백성이 되는 일에 대한 가능성을 이야기하고자 합니다. 회중석과 제대, 오르간에 관한 지겨운 논쟁에서 빠져나오기 위한 시도이기도 합니다. 물려받은 것을 어정쩡하게 손보는 일에 관해서만 이야기하는 그런 논쟁에서는 우리 자신의 가능성이 이미 제한되어 있습니다.

대신 이 물음을 던집니다. 21세기를 살아가고 있는 우리와 한층 다양해진 공동체에는 어떤 공간 배치가 적합할까요? 우리가 온전해지고 번영하게 되는 과정에 정말로 도움이 될 공간은 어떤 종류의 공간일까요? 우리가 그런 공간을 상상하는 일을 시작할 수 있다면, 그 공간을 실현하는 방법도 알아내기 시작할 수 있습니다.

이렇게 하는 일이 어렵고 어쩌면 큰 비용이 필요할지도 모릅니다. 앞선 세대들은 큰 헌신을 했고 우리는 미래에도 변함없이 그들이 이미 해놓은 헌신에 기대어 살아갈 것입니다. 그러나 건축물이 기능하는 방식, 공간이 주는 느낌에 진정한 차이를 빚어낼 작고 핵심적인 변화를 찾아낼 수 있다면, 어쩌면 생각보다 쉽고 적은 비용으로 충분할 수도 있습니다. 해낼 수 없는 큰일을 하려고 하면 무력해지기 쉽지만, 그런 순간에도 해낼 수 있는 작은 일들이 계속해서 이어지고 있을 수 있습니다. 우리가 어디로 향해 가야 할지를 알고 있기만 하다면 우리는 그 일을 해낼 수 있습니다.

1300년대: 왕좌가 있는 알현실로서의 교회 공간

공간의 의도: 흠숭

설비: 성화와 제대

의미 전달 수단: 전례적 의식

공간에 참여하는 방법: 보기

공간 안에서의 주요 활동:

짧은 기도와 경배 행위

공간의 기초가 되는 신학 모델:

우리가 섬길 임금이신 하느님

1700년대: 학교 교실로서의 교회

공간의 의도: 교육

설비: 설교단과 회중석

의미 전달수단: 문자

공간에 참여하는 방법: 듣기

공간 안에서의 주요 활동:

긴 배움의 시간

공간의 기초가 되는 신학 모델:

우리를 위한 변호인이신 하느님

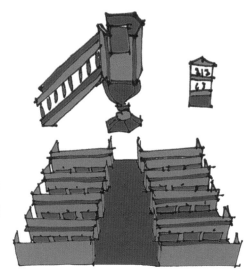

2000년대: 우리가 오늘날 사용하는 공간

2100대: 거실로서의 교회

공간의 의도: 상호작용

설비: 의자와 테이블

의미 전달 수단: 이야기

공간에 참여하는 방법: 나누기

공간 안에서의 주요 활동: 사회적 네트워킹

공간의 기초가 되는 신학 모델:

우리를 손님으로 초대하는

주인이신 하느님

다른 종류의
교회 공간:

나머지 시간에는 사용되지 않는 공간에서 가끔 진행되는
이벤트로서의 교회에서

하나의 공간에서 서로 다른 여러 이벤트들이 일어날 수 있는
하나의 환경으로서의 교회를 향한 움직임

다른 건물과 **경쟁**하는 가운데

모든 것을 제공하려 하는 각 건물**에서**

다른 건물을 **보완**해주며

특정한 예배가 되는 각 건물을 **향해**

큰 테이블 공간

크고 넓은 나무 테이블[1], 한 면마다 10~30명 착석

만남과 만들기와 먹기와 일하기

함께 놀거나 기도하기 위해 테이블 위에는 무엇이 있어야 할까요?

누구 옆에 앉으시겠어요? 테이블에 무엇을 가져오시겠어요?

묵상/휴식 공간

러그, 바닥 쿠션, 작은 스툴과 테이블, 카우치

누워 있는 동안 머리 위에서 빛을 비출 수 있을 정도로 높은 촛대

조용하고 명상적인 느낌의 음악, 사운드아트, 안내가 있는 묵상

아름다운 천장을 바라보기[2], 휴식하기, 침묵하기, 신경을 쓰지 않기

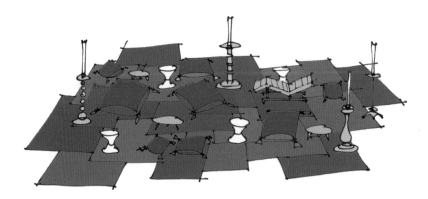

거실

대화를 나누는 소모임

시청각적으로 프라이버시를 보호할 수 있도록 등받이가 높은 소파[3]

논의, 기도, 상담

친구와 함께하는 공간

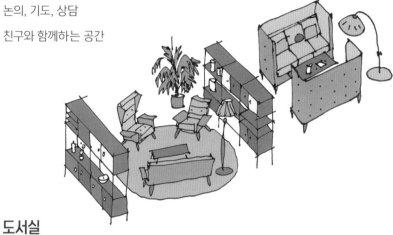

도서실

지식과 도움을 얻는 공간 – 정보 습득, 공부, 사회적 서비스[4]

도와주는 이들과 더불어 자기 주도적으로 성장하는 공간

2인용 워크스테이션, 서가, 프린터

조용히 함께 대화를 나눌 수 있는 작은 칸막이 시설

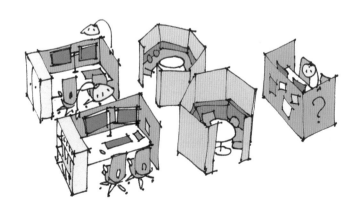

극장

시선을 집중시키는 중앙 무대와 많은 사람들이 앉을 수 있는 좌석[5]

나눔과 공연을 위한 공간

이곳을 기존처럼 기본적 교회 공간으로 사용하지 않도록 주의하세요!

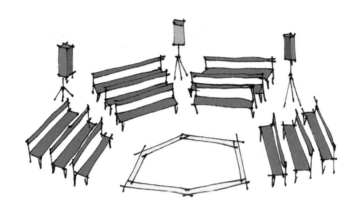

공방

장인들의 소규모 생산

지역에서 생산된 재료를 사용해 그 지역에서 유통

일자리 제공, 기술 교육

지역 경제의 한 부분으로서 지속 가능한 공간

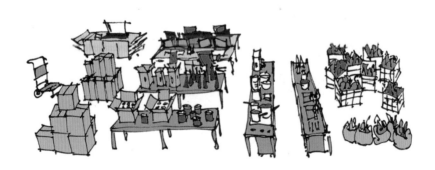

부엌

지역에서 생산된 재료로 만들어 모두에게 제공되는, 비싸지 않은 양질의 음식

사회적 관계를 맺는 자리, 이웃과 이웃이 만나는 허브

조리 교육과 일자리 제공

자산 창출 공간

작은 사업체와 스타트업이 빌려 쓰기에 알맞은 공간

공유 시설과 사적 영역의 혼합

수입을 창출하며 사회적 기업을 키워내는 못자리

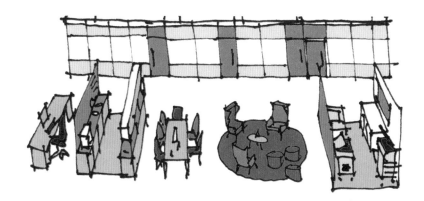

어떤 소리가 공간에 어울릴까요?

- 대화를 위해 – 가벼운 재즈, 차분하고 느린 전자음악, 멜로디 팝
- 묵상, 기도를 위해 – 숭고하고 신비로운 분위기의 음악, 사운드아트
- 함께 노래하는 것은 극장 공간에서 하기

  다른 무언가를 방해하지 않는 선에서 큰 규모로 하기
- 특정 모임을 특정한 여정으로 이끌고자 하는 것이 아닌 이상

  기분을 지배하거나 감정에 매몰시키는 형식의 음악은 피하기
- 공동체의 음악적 이야기와

  공간에서 편안하게 여겨지면 좋을 다른 것들을 선곡에 고려하기
- 교회에서 어떤 느낌을 받고 어떻게 행동해야 할지에 대한 고정관념을 강화하는

  '종교적' 음악을 사용하지 않도록 주의하기

어떻게 공간을 밝혀야 할까요?

- 어떤 분위기를 만들어내고 싶은가요?

  어떤 느낌을 받고 싶나요?
- 강조하고 싶은 것은 무엇인가요?

  숨기고 싶은 것은 무엇인가요?
- 무리 조명을 이루는 플로어 램프와 테이블 램프

  관심 두어야 할 곳을 강조하는 장식 조명
- 모든 곳을 밝게 만들기보다는 사람들이 무언가 읽어야 하는 경우,

  그곳 가까이에만 조명을 밝히세요.
- 변화무쌍한 다양함이 단조로운 균일함보다 낫습니다.

먹을 것과 마실 것:

- 큰 테이블 공간, 거실 및 부엌에 관련된 중요한 요소
- 다른 공간들에서도 전면에 드러나지 않는 한 먹고 마실 수 있음

감사성찬례:

- 큰 테이블에 둘러앉아 집전하거나 극장에서 집전하기가 가장 쉽습니다.
- 묵상 공간에서 집전하면 아름답습니다.
- 거실에서 모두 함께 모여 집전하기는 어렵습니다.
- 도서실과 제작 공간에서 집전하는 것은 적절하지 않습니다.

유지 기간:

- 이 환경은 (극장 공간을 제외하면)

  정해진 시간 동안에만 이루어지는 일들에 매이지 않습니다.
- 이 환경은 계속 유지됩니다.
- 이 환경은 일시적이지 않습니다.

  주일 예배를 위한 회중석 배치로 돌아가지 마세요.[6]
- 다르게 경험하기 위해서는 다른 공간이 되어야 합니다.

핵심적인
운영 원칙:

환대: 환영받고 이곳을 편안하게 느낍니다.

편리한 사용: 필요로 할 때 언제나 찾을 수 있습니다.

개방: 어떤 사람이라도 들어와 이용할 수 있습니다.

주변에 있는 공동체를 위한
이용 자원으로서의 교회 공간

손님을 초대하여 돕고 원하는 바를 할 수 있게 해주는
주인으로서의 우리 자신

공중과 공동체에 활짝 열려 있는
하느님의 백성이 살아가는 생활 공간

현재 상황:

그리스도인 공동체 하나에 교회 건물 하나가 사용되고 있기에

건물 하나로 모든 일을 해결해야 해서

필요에 따라 그때마다 공간 환경을 변화시켜야 하거나

공간을 지배하는 사용 목적 한 가지가 있고

공동체의 삶은 그 목적에 지배당하게 됩니다.

(지금 당장은 교회 대부분이 왕좌가 있는 알현실과 학교 교실을 뒤섞어놓은 모습입니다.)

범용 공간(공간을 '학교 강당'처럼 여기는 접근방식)이라는 것은 시간을 정해서 서로 다른 용도로 쓸 수 있는 공간을 말합니다. 어떤 목적으로든 쓸 수 있는 유용성과 오래오래 그대로 유지될 수 있는 내구성이 우선되어야 합니다.

공간에 할당되는 예산이 적다는 것은 모든 것이 싸구려라는 의미이고

이용자가 공간에 전혀 신경을 쓰지 않을 것이라고 가정한다는 뜻입니다.

플라스틱 의자

형광등

칙칙한 카펫

단조로운 색상

위협적인 경고문

드문 유지 보수

이런 것들은 이 공간을 찾는 사람들을 반기지 않는 방어적 태도를 보여줍니다.

현재: 체인점으로서의 교회

- 교파적 경쟁의 유산
- 어디를 가나 교회가 넘쳐남
- 아주 유사한 복제품들이 서로 경쟁함
- 전례적인 세부사항을 제외하면
  대단히 비슷한 예배
- 각 교회는 '다른 곳을 갈 필요 없이
  한 곳에서 필요한 모든 걸 해결할 수 있는
  가게'가 자신들이라고 주장함
- 여러 브랜드의 체인점이
  모든 동네마다 하나씩 다 있음

미래: 네트워크로서의 교회

우리가 교파적 경계를 내려놓을 수 있다면

- 모든 교회는 단일한 이용 자원이 될 수 있음
- 다양하고 상호보완적임
- 모든 종류의 영적·사회적 필요를
  충족시켜주는 아주 다양한 예배
- 다른 사역을 위한 협력과 지원
- 여러 종류의 공간이
  모든 동네마다 하나씩 있음

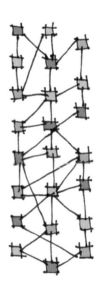

건물의 좋은 특징은 무엇인가요?

분위기, 아름다움, 오랜 역사, 시설, 위치?

스테인드글라스, 좋은 부엌, 시내 중심가?

건물의 나쁜 특징은 무엇인가요?

화장실, 좌석, 공간 배치, 경고문?

잘 작동하지 않는 난방, 인스턴트커피, 퀴퀴한 냄새?

큰 차이를 빚어낼 핵심적인 변화는 무엇인가요?

작은 변화가 공간이 느껴지는 방식과

사람들이 공간을 느끼는 방식에

큰 영향을 미칠 수 있습니다.

환대는
어떻게 보이고
느껴질까요?

무엇이 사람들에게 환영받고 있다는 느낌을 줄까요?

우리 공간에서 하면 가장 좋을 것은 무엇인가요?

무엇이 주변 지역에 필요한가요?

선교적 공동체는
섬김의 공간을 창조합니다.

미주

1   이런 형태의 테이블은 누구나 와서 앉을 수 있고, 계층을 나누지 않는다. 격식을 요구하는 저녁 만
찬이나 연회에서 볼 만한 테이블이 아니다. 테이블은 작은 모임이 함께 일하는 데 도움이 되고, 개
인들은 논의 중간에 자리에 앉거나 일어날 수 있다.

식당에서 볼 수 있는 2인용과 4인용 테이블은 다른 이들에게 관심을 두지 않는 작은 모임을 만
들어낸다. 붐비는 방 한복판에서 벌어지는 사적인 비밀회담처럼 말이다. 그런 모임은 교회에서
이루어지는 회합으로서는 그다지 올바르지 않아 보인다. 긴 직선형 테이블에서는 작은 모임들이
이루어질 수 있고, 다수의 모임이 한 테이블에 앉을 수도 있다. 언제든지 다른 사람이 자리에 앉아
참여할 수 있으며, 테이블의 이쪽 끝에서 저쪽 끝까지 주의를 기울여 집중할 수 있다. 사용자들은
방을 더 온전한 전체로서 의식한다.

테이블은 얼마나 길어질 수 있을까? 정말 긴 테이블은 어딘가 멋진 구석이 있지만, 맞은편으로
가기 위해서는 시간이 꽤 걸릴 것이다!

2   우리가 사용하는 건물 가운데 많은 곳이 무척 아름답다. 우리는 찬송가책, 인쇄된 종이, 프로젝
터 스크린보다도 건물을 보는 일에 더 많은 시간을 써야 한다. 아름다움은 선물이자 표지이다.
편안히 천장을 바라보며 교회 바닥에 아무렇게나 누워 있는 것은 기존 질서에 도전하는 것처럼
느껴진다. 확실히 우리는 규율과 계층적 질서에 참여하지 않기로 했다. 우리는 비난받기 쉽게 되
었지만 동시에 개방적으로 변했다.

3   등받이가 높은 소파는 요즘 사무실에서 대단히 인기가 있다. 앉아 있는 사람들은 방 안의 다른 공
간과 완전히 단절되지 않으면서도 개인적인 대화나 업무를 진행할 수 있다. 등받이가 높은 소파
는 아늑하고 쉼터 같은 느낌을 준다.

4   현재 많은 교회가 복지 제도, 사회적 서비스, 의료 체계, 법률 상담 등이 필요한 사람들을 도와주

고 있다. 그중 다수는 온라인으로만 진행되기 때문에 인터넷 접근성이 떨어지거나 검색이 익숙지

못한 사람들에게는 도움을 주기 어렵다. 워크스테이션은 두 사람이 함께 앉아 서로 도울 수 있도

록 해준다. 작은 칸막이 시설은 개인적인 상담과 논의를 할 수 있게 해준다. 프린터는 사람들이 기

록을 남기고 자료를 가져갈 수 있도록 해준다.

5   이러한 공간 배치는 중앙 무대에 있는 사람을 다른 사람들보다 '위에' 놓거나 '높은 지위에' 두는

일을 방지한다.

6   대안적인 교회 공간 배치가 쉽게 자리 잡지 못하는 한 가지 이유는 필요할 때 이용하기가 어렵기

때문이다. 짧게나마 얼마간 교회 공간이 대안적으로 배치되었더라도 이내 평소의 구성으로 다시

바뀌어버린다. 대안적인 배치가 시도된 적이 있었다는 것을 사람들은 알 수 없게 된다. 우연히 때

마침 그렇게 배치된 공간에 참여할 수 있기란 영영 불가능할 것이다.

공간을 대안적으로 조성했다가 다시 치우는 일을 반복하는 것은 이밖에도 많은 일들을 기존의

방식과 다르게 해내느라 이미 많은 곤란한 상황들에 대처하고 있는 공동체에 과중한 업무를 더

하게 된다. 새로운 공간 배치가 그 자리에 계속 유지될 수 있다면 새로운 삶과 활동을 설득력 있

는 형태로 발전시킬 수 있다.

런던의 스틸케이스Steelcase 쇼룸. 스틸케이스 주식회사의 표어

망가진 꿈을
어떻게 하면
감당할 수 있을까

에마 메이저

나는 파이어니어 사목자입니다. 많은 사목자들이 선뜻 맡으려 하지 않는 매우 열악한 곳으로 가서, 자기 삶이 앞으로 어떻게 될지에 대해 꿈꾸는 사람들과 동행하면서, 그들을 하느님께 소개할 때 나는 가장 편안함을 느낍니다.

지난 5년간 걸어온 길 위에서 어린 자식을 먼저 떠나보낸 가족들과 함께 울고, 산후우울증을 겪고 있는 여성들을 돕고, 젊은 어머니들과 이제 막 걷기 시작한 아이들에게 공간을 내어주었습니다. 또 메시 교회Messy Church, 카페 교회, 숲 교회를 비롯한 새로운 형태의 교회를 만들어내고 선교적 공동체를 형성해왔습니다. 요즘에는 예전의 나처럼 삶이 망가져서 사회와 교회에 접근하는 일에 어려움을 겪고 있는 사람들을 위해 온라인 기도와 제자수업 네트워크를 개발하고 있습니다.

이러한 공동체들은 하나의 꿈에서 시작되었습니다. 꿈이란 우리가 자기 자신을 발견하게 된 상황에 하느님께서 심어놓으신 어떤 생각입니다. 공동체들은 경험을 통해 진화해왔고 내 안에 있던 재능과 기술에 힘입어 성장했습니다. 하느님께서는 나의 도구상자에 이런 재능과 기술이 들어 있었던 것을 미리 알고 계셨습니다.

처음에는 모든 것이 그저 하나의 이미지에 불과했습니다. 바로 삶이 망가지던 순간 내 마음속에 있었던 이미지였습니다. 돌아보면, 씨앗 하나가 긴 시간에 걸쳐 자라났습니다. 변화를 통한 성장이 분명해질 때까지 말이지요.

11월에 열린 CMS(교회선교회) 대화의 날 행사에서 나는 '망가진 꿈: 변화에 대처하기'라는 제목으로 강연했습니다. 변화에 대처하고 한 번 더 꿈을 꾸기 전까지, 하느님과 더불어 꿈을 꾸었던 경험과 그랬음에도 불구하고 망가진 시간 속에 던져지기를 반복했던 경험을 돌이켜보면서 그 경험을 통해 얻게 된 결실을 이야기하는 시간이었습니다. 경험을 나누고 내가 변화에 대처하는 데 사용해온 모델을 발표하면서 분명해진 것이 있습니다. 망가짐 그 자체가 온전히 내 삶을 향한 하느님의 부르심의 일부였다는 사실입니다. '방법론'이라고 할 수 있는 이 글은 원래의 강연 내용과 변화 대처 모델, 그리고 계속 진행 중인 성찰 가운데 일부를 종합해본 것입니다.

변화 대처 모델

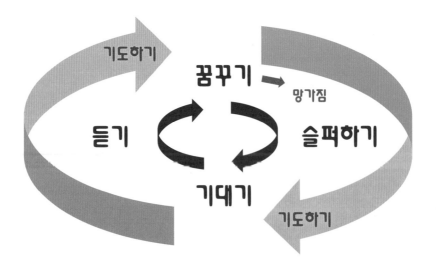

꿈꾸기

마틴 루터 킹은 말했습니다. "나에게는 꿈이 있습니다."

나에게는 꿈, 목표, 생각, 그리고 계획이 많이 있습니다. 하느님은 나의 창의성을 능숙하게 사용하시고 그분을 위해 내가 무엇을 행하길 바라시는지를 잘 보여주십니다. 불행하게도, 인생에는 그러한 꿈을 방해하는 습관이 있습니다. 삶은 나를 계속 망가뜨립니다. 이 망가짐은 좌절감을 주고, 화가 나게 하며 보통 나를 우울하게 만듭니다. 변화를 싫어하는 내면의 어린아이가 밖으로 나오게 되고 성질을 부리는 결과로 자주 이어집니다.

나는 아주 운이 좋게도, 하느님과 이야기를 나누고 어른다운 사고를 되찾게 될 때마다 늘 대처할 방법이 찾아지곤 했습니다. 사실 언제나 그분은 꿈을 다른 모습으로 보여주셨고 내가 이전에 상상했던 것보다 더 나은 무언가를 창조해주셨습니다.

내 삶에는 중대한 변화의 순간이 셀 수 없이 많았습니다. 지금부터 그중 한 가지를 통해 이야기를 전하려 합니다. 바로 내 몸 전반에 진행되고 있는 다발성 경화증입니다. 몸을 움직이는 것이 어렵고 고통스러우며, 시력 손실의 원인이 되는 병입니다. 나는 내가 겪고 있는 이 망가짐 덕분에 꿈에 관해 성찰해보게 됩니다. 망가진다는 것의 의미는 무엇일까요? 개인, 파이어니어, 그리고 공동체로서 어떻게 이런 변화에 대처할 수 있을까요? 부서짐을 통해 어떤 빛이 비추어질까요?

이런 질문을 던지게 되기 전에도 나는 자연유산을 몇 번 경험했습니다. 나와 비슷하게 어려운 형편에 놓여 있던 여성들을 돕는 모임을 꿈꾸다가, 추모 예배를 위한 전례 개발을 꿈꾸다가, 책 쓰기를 꿈꾸다가 결과적으로 실패했습니다. 10년 전, 극심한 우울증이 나를 무릎 꿇게 만들었고 나 자신은 하느님을 향해 완전히 열리게 되었습니다. 내 삶을 향한 그분의 부르심을 들은 것은 그때였습니다. 망가진 꿈 각각을 통해 희망의 빛과 새로운 꿈이 도래했습니다. 그러나 우리는 먼저 슬퍼해야 합니다.

슬퍼하기

세계 130곳에 있는 라르시 공동체l'Arche communities의 설립자인 장 바니에 Jean Vanier는 망가진 상태와 신학에 관해 글을 썼습니다. 『공동체와 성장 Community and Growth』(성바오로출판사, 1999)에서 그는 "성장은 우리 자신의 약함을 인정할 때 비로소 시작된다"고 말했습니다. 예수님은 망가진 상태를 고치셨습니다. 시각장애인, 우물가에서 만난 여인, 죽은 사람, 아이들, 그리고 심지어는 세리까지 말입니다. 예수님은 다른 사람들과 함께 지내는 공동체, 하느님과 함께하는 공동체로 그들을 데려오기 위해 고침이 필요하다는 것을 아셨습니다. 그 고침은 우리 각각을 모두 있는 그대로 기뻐하는 사랑, 우리가 부서짐에 굴하지 않고 자신과 다른 이들을 사랑하길 바라는 사랑이었습니다.

우리 대부분은 예수님께서 고쳐주셨던 방식처럼 극적으로 치유되지 않습니다. 그러나 정신없이 성공을 향해 치닫는 사회에서, 슬픔을 통해 마련되는 사랑과 수용, 우정은 우리가 인정하는 것보다도 훨씬 크고 많은 치유를 주는 축복입니다. 삶, 그리고/또는 사역에서 일어나는 변화에 대해 슬퍼하는 일에, 그리고 고통, 실망, 상실, 분노를 인정하는 일에, 뭔가를 시작하기 전에 우선 우리 자신이 받아들여지는 자리로 나아오는 일에 우리는 더 많은 신경을 쓰고 더 많은 시간을 할애해야 합니다. 그러나 그렇게 하려면 우리는 어딘가에 기대야 합니다.

기대기

장 바니에는 『요한복음 묵상Drawn into the Mystery of Jesus through the Gospel of John』 (겨자씨, 2010)에서 이렇게 말합니다. "이 복음서의 메시지는 간결하다. 메시지는 예수의 친구가 되도록 택함을 입는 것에 대해 말한다. 상호 현존과 서로가 서로에게 배우는 일에 관해 말한다. 예수가 살았던 대로 살고 그가 사랑했던 대로 사랑하라는 것이다." 우리는 기대는 법을 배워야 합니다. 강하고 확고하게 고집해오던 가치를 내려놓고 서로 껴안고 기대는 법을 배워야 합니다. 어려움을 겪는 동안 서로에게 의지함으로써 얻게되는 유익을 받아들이기 위해 말이지요.

물론 우리는 기도와 성서 공부를 통해, 공동체 및 영적 지도자나 안내자와 더불어 하느님께 기댈 수 있습니다. 이러한 기댐을 통해 우리 자신에게서 실망과 고통을 없애고 듣기 시작할 수 있습니다.

듣기

일본에서는 종종 부서진 물건을 금으로 수리합니다. 긴쓰기金継ぎ라고 하는 예술입니다. 결함은 사물의 역사에서 고유한 부분으로 여겨지며 사물에 아름다움을 더합니다. 장 바니에는 이렇게 썼습니다. "성공을 나누는 것보다 약함과 어려움을 나누는 것이 다른 이들에게 더 많은 자양분을 공급한다." 하느님께서 우리에게 바라시는 바가 이것입니다. 공동체와 함께, 공동체 안에서, 공동체를 통해 약함과 어려움을 나누기를 바라십니다. 파이어니어는 이 나눔을 만들어내기 위해 부름을 받았습니다.

삶이 망가져가는 가운데 나도 부름을 받았다고 느낍니다. 다른 이들을 치유하는 빛이 망가지고 부서진 삶을 뚫고 나아가 비출 수 있도록 말입니다. 더 중요한 것도 있습니다. 나는 망가진 꿈을 통해 길을 걸어온 다른 사람들의 경험에 귀 기울이는 법을 배우고 있습니다. 망가진 꿈이 나에게 말해주는 교훈을 새기는 법을 배우고 있습니다. 개인적으로만이 아니라 공동체를 통해서도 하느님의 작고 조용한 음성을 들을 수 있습니다. 삶을 위한 새로운 꿈을 그분이 우리에게 보여주시기 때문입니다. 그래서 우리는 다시 꿈꿉니다.

변화를 통해 꿈꾸기

나는 내 삶이 망가져가고 있는 시간을 '해결되어야 할 문제', '극복해야 할 장애'로 보아왔습니다. 그러나 내가 해온 경험과 성찰, 기도는 문제와 장애가 어디에나 있음을 나에게 가르쳐주었습니다. 이 약함의 시간 가운데 나는 함께하시는 하느님을 발견하고 내 삶을 향한 그분의 부르심을 봅니다. 이 시간 가운데 하느님은 부서진 것들을 빛으로 밝히시고 그분의 황금으로 그 틈새를 메우십니다.

하느님은 그분을 섬길 수 있도록 주어진 기회에 우리가 집중하기를 바라십니다. 삶은 그저 변화에 대처하고만 있는 것이 아닙니다. 공동체 가운데 함께 제자가 되도록 부르시는 하느님께 기대어 그분을 신뢰하고 껴안는 것, 이것이 삶입니다.

망가진 꿈

보기를 꿈꾸었더니, 어둠은 빛이 되었습니다.

익숙한 얼굴들과 낡은 공간들을 꿈꾸었습니다.

꿈은 바뀌었고, 다시 망가졌습니다.

그림자가 드리워 분명하지 않습니다.

그러나 꿈은 변함없이 확실합니다.

슬픔이 다시 나를 강타해

고통 가운데 때려눕힙니다.

일어나지 않을 일들, 지금은 보지 못할 것들

아직 어두운데, 하느님은 제 마음에 속삭이십니다.

"두려워하지 마라. 내가 길을 보여줄 것이다."

"이제 내게 기대어 내가 보는 것을 너도 보아라.

선명한 미래, 나를 믿어라. 나의 사랑아.

이전과 같이 네가 필요하다. 어쩌면 더욱 필요하다.

네 삶을 향한 나의 부름은

문제 안에서 이어진다."

슬픔에 휩싸여 듣기가 쉽지 않았습니다.

그러나 나와 만나는 모든 이가 다시 한 번 알려줍니다.

의심과 두려움을 물리치라고, 희망과 신앙을 붙잡으라고.

나는 기대어, 들으며, 따릅니다.

미지의 내일을 향해.

우리는 기대는 법을 배워야 합니다.

강하고 확고하게 고집해오던 가치를 내려놓고

서로 껴안고 기대는 법을 배워야 합니다.

어려움을 겪는 동안

서로에게 의지함으로써 얻게 되는

유익을 받아들이기 위해 말이지요.

– 에마 메이저

타르콥스키의
〈잠입자〉:
어리석은 행동과
미래의 신앙

콜린 헤버-퍼시

하나

안드레이 타르콥스키^{Andrei Tarkovsky(1934-1986)}의 걸작은 시작부터 문제에 시달려서 거의 제작되지 못할 뻔했습니다. 1977년 4월부터 타지키스탄의 이스파라에서 촬영을 시작하기로 일정을 잡았지만 끔찍한 지진이 그 지역을 강타하면서 잡아놓았던 계획을 포기해야만 했습니다.

촬영지를 에스토니아의 탈린으로 다시 잡고서 비로소 영화 제작을 시작할 수 있었습니다. 그러나 석 달간 작업한 후, 타르콥스키는 편집을 앞둔 영화 프린트가 엉망이고, 쌓여 있는 필름들도 선명도가 낮다는 사실을 알게 되었습니다. 몹시 화가 난 그는 필름 공급자를 비난하고, 필름 상태를 제대로 점검하지 않은 카메라맨을 비난하고, 잘못된 현상 방법을 사용한 자신의 제작회사 모스필름^{Mosfilm} 기술자들을 비난했습니다. 타르콥스키는 일기에서 그 상황을 '완전한 재앙'으로 묘사합니다. 그러나 타르콥스키는 그 재앙 한복판에서 계속 작업해나가야 할 동기를 발견했습니다.

> [재앙은] 너무나 결정적이어서 모든 것을 원점으로 돌려놓았다. 아직 아무 것도 시작하지 않은 첫 순간으로. 이제 첫걸음을 새롭게 걷게 될 것이다. 이 것이 희망을 준다. (타르콥스키, 1994, p.146)

그처럼 역동적인 재앙과 그로 인한 절망, 그 후에 전혀 기대하지 않았으나 얻게 된 희망은 그의 영화를 더욱 풍부하고 감동적으로 만들어주었습니다. 이러한 역동, 즉 상상할 수 있는 최악의 차질과 장애 그리고 불안에 맞닥뜨린 한복판에서 더 나은 어떤 것, 파악하기 어렵고 뭐라고 말할 수도 없는 어떤 것, 나의 중심에 역설적으로 자리한 주변부로 우리 자신을 끌어당기는 어떤 것이 있고, 그것을 향해 뭔가가 나를 강하게 밀어붙이고 있다는 느낌이 〈잠입자Stalker〉라는 영화를 빚어냈고 그것이 이 영화의 특징입니다. 요컨대 〈잠입자〉는 신앙에 관한 영화입니다.

영화 〈잠입자〉를 분석해보면, 신앙은 규정되고 체계적으로 정리된 신념 체계가 아닙니다. 신앙은 위기와 투쟁으로, 힘들고 위험하고 범법적인 것으로 그려집니다. 그 결과 신앙은 등장인물의 삶을 완전히 바꾸어 다른 형태를 만들고, 엉망으로 망쳐놓고 다시 고쳐냅니다.

영화의 줄거리는 단순합니다. 어떤 남자들이 무언가를 찾아 떠납니다. 그들은 그것을 찾는 데 실패합니다. 집으로 돌아옵니다. 그게 다입니다. 〈잠입자〉는 그 본질에 있어서 터무니없는 긴 헛소리 또는 부질없는 시도에 관한 이야기입니다. 작품명과 같은 이름인 등장인물 잠입자는 불법적인 길 안내자로 일하고 있습니다. 그는 두 남자, 작가와 교수에게 가장 깊은 갈망을 충족시켜주는 곳으로 소문난(혹은 잠입자가 그렇게 주장하는) 어떤 공간에 찾아가는 길을 안내해주기 위해 아내와 장애가 있는 딸을 버려두고 떠납니다. 그는 그 공간에 가면 가장 깊은 갈망을 충족할 수 있다고 믿습니다. 그 공간은 군인들이 출입을 통제하고 있는 대지의 한 구역

Zone의 중심부에 숨겨져 있습니다. 영화가 시작될 때 우리는 가공의 노벨상 수상 과학자가 작성한 불길한 '보고서'를 읽게 됩니다. 그는 구역이 어떻게 존재하게 되었는지 묘사합니다.

운석 때문에 생겨난 것일까? 우주의 심연에 거주하는 존재가 방문했던 것일까? 어떤 방식으로든 우리의 작은 국가는 기적의 탄생을 목격했다. 구역 말이다. (〈잠입자〉, 1979)[1]

그러나 마침내 그 장소에 도착했을 때, 그 공간과 관련된 어떠한 기적적인 일도 나타나지 않습니다. 거기 있는 어떠한 것도 외계에서 온 것 같지 않고, 심지어는 기이해 보이는 것도 없습니다. 단지 버려진 건물, 터널, 녹슨 탱크와 헛간 등 산업화 이후 폐허가 된 항구 도시의 잔해들이 자연적 과정에 의해, 특히 물에 의해 천천히 자연으로 환원되고 있을 따름입니다.

물은 거의 모든 장면을 흠뻑 적십니다. 웅덩이에 고여 있고, 흐르고, 쏟아지고, 방울방울 떨어지고, 떠내려가고, 유리에 물결의 흔적을 남기고, 바닥을 지저분하게 만듭니다. 경관을 해치는 거대한 콘크리트 건물과 탑 모양 저장고에도 물이 마구 쏟아집니다. 이 물을 통해 잠입자는 우리를 인도합니다. 잠입자 자신은 국경과 경계를 넘어 광야로 나가 회개, 즉 존재의 새로운 방식을 전하는 세례자 요한 같은 인물입니다.

"계획되었던 모든 것이 이루어지게 하시오. 그들이 믿게 하시오!" (〈잠입자〉, 1979)

무엇을 믿으라는 걸까요? 타르콥스키는 외계인과 운석에 대한 언급으로 우리를 감질나게 하고, 현대의 공상과학적인 수사법으로 우리를 꿇리지만 무엇을 믿어야 할지 말해주는 데는 실패합니다. 우리는 궁금해하며 뜻을 찾아 방랑하는 상태 그대로 남겨집니다. 잠입자와 동행했던 작가와 교수처럼, 우리는 잠입자의 주장이나 경고 가운데 무엇 하나도 입증해주지 않는 완고한 물질적 풍경으로 인도되었습니다. 그렇기에 서로 어울리지 않는 세 사람의 여정과 우리가 품은 의심, 즉 잠입자를 믿어도 될지 주저하며 구역 앞에서 갈팡질팡하는 우리 자신의 신앙이 심리적으로 비슷하다는 것을 발견하게 됩니다. 이 여정을 계속 따라가는 것, 이 사람을 따르기로 동의하는 것은 위험을 무릅쓰는 것입니다. 복음과의 유비는 너무 빤합니다. 영화의 맥락상 구역으로의 여정은 법을 어기는 것입니다. 구역에 가려는 사람들은 체포되어 교도소에 가게 될 위험을 감수해야 합니다. 복음처럼 영화에서도 대담한 계획 전체의 기초에 위험이 깔려 있습니다. 체포될 위험, 잘못될 위험 말이지요.

둘

"안정이 있는 곳에 종교가 있다."(성인전* 35:353) 6세기 아일랜드 클론퍼트에 마을을 세우고 수도원을 설립한 수도원장 루기두스Lugidus(몰루아Molua 라고도 부름)가 한 말입니다. 루기두스에게 종교생활은 한곳에 뿌리를 깊게 박은, 고정된 것이었습니다.[2] 루기두스의 말을 종교생활 일반에 대한 규범적 진술로 받아들인다면, 그와 동시에 타르콥스키는 명백히 반종교적인 영화 제작자로 받아들여져야만 합니다. 그는 이렇게 말한 바 있습니다.

예술가는 이상에 더 가까이 다가가기 위해 안정의 파괴를 추구한다. 사회는 안정을 추구한다. 예술가는 무한을 추구한다. (타르콥스키, 1986, p.192)

종교가 존속시키려는 것을 예술가는 파괴합니다. 우여곡절을 겪으며 〈잠입자〉를 어렵게 촬영하는 동안 타르콥스키에게 인습을 타파하는 고립된 예술가에 대한 낭만적인 관념은 특히 강력한 것이었습니다. 그러나 루기두스가 살았던 중세라는 시대에 고립되어 사는 것, 주변의 사회적 맥락에서 뿌리를 뽑히게 되는 것은 떠도는 사람, 방랑자가 되는 것이었습니다. 그 시대에는 방랑하는 것 자체가 잘못을 저지르는 것이고 오류에 빠지는 일이었습니다.

그렇다 하더라도 그리스도를 만난 증인의 심장에는 그 시작부터 어떤 여정이 있습니다. 주님께서 세례를 받으신 직후, 성령은 예수를 광야로 '내'보냅니다(마르 1:12, 마태 4:1, 루가 4:1). 꼭 하느님께서 아담과 하와를 낙원에서 내보내셨던 것처럼 말입니다. 유대 민족에게 기초가 되는 서사는 방랑하는 것, 광야에서 뭔가를 찾아다니는 것이었습니다. 자신의 때가 오자 예수는 '여행하는 데 지팡이 외에는 아무것도 지니지 말고 먹을 것이나 자루도 가지지 말고 전대에 돈도 지니지 말라'(마르 6:7-8)고 지시하며 사명을 주어 사도들을 파견합니다(그야말로 '내보냄'입니다).

찾아다니는 것, 여행하는 것에 대한 성서적 강조와 안정에 관한 루기두스의 주장을 나란히 놓고 보면 종교적인 삶을 '살아내는' 방식에서의 진정한 긴장이 드러납니다. 이상적인 종교생활은 고정적이고 안정적인 것일까요? 아니면 역동적이고 위험하고 불안정한 것일까요? 이 긴장이 〈잠입자〉의 구조에서 나타납니다. 안정을 이루는 핵심적 구성단위는 부서졌습니다. 아내, 딸, 그리고 집은 버려집니다. 비현실적인 모험이 시작되었고, 이내 실패하여 돌아와 용서를 구합니다.

등장인물들이 사회 통념을 벗어나 여정을 떠나야만 했던 이유는 신앙 때문입니다. 공간의 존재에 대한 신앙, 전설과 이야기에 대한 신앙 말이지요. 우리가 보았듯 여정에서 얻는 것은 없었습니다. 나는 앞에서 이 영화의 줄거리에 뭔가 터무니없는 긴 농담과 같은 면이 있다고 말했습니다. 터무니없는 긴 농담은 궁극적으로 끝까지 가볼 가치가 없는 긴 여정으로 당신을 데려갑니다. 심각했던 분위기는 이야기 도중에 갑자기 평이해집니다. 농담의 재미에 결정적인 부분은 '빠져' 있습니다. 이야기는 당신의 기대를 저버립니다. '그저' 여정일 뿐입니다.

니사의 그레고리우스Gregory of Nyssa는 『모세의 생애Life of Moses』(은성, 2003)에서 모세의 여정을 하느님의 완전하심을 향한 끝없는 상승으로 묘사합니다. 그레고리우스가 보기에 그 상승은 성서에서 시나이 산에 오르는 모세를 통해 은유적으로 표현되었습니다.

그는 끊임없이 위에 있는 단계를 향해 올라갔고 더 높게 오르기를 멈추지 않았다. 그가 이미 이룬 단계보다 더 높은 단계를 언제나 발견했기 때문이다. (니사의 그레고리우스, 1978, pp.113-4)

타르콥스키가 그러했듯 그레고리우스도 심리적 지형을 보여주기 위해 풍경을 사용합니다. 모세의 여정이 통과해나가는 한정된 풍경은 완전을 향한, 하느님을 향한 그의 노력에 대한 유비가 됩니다. 이 유비의 중심부에는 필연적으로 역설이 놓여 있습니다. 풍경은 한정되고 조건적인 데 반해, 모세가 향해 가고자 노력하는 하느님은 무한하고 무조건적이기 때문입니다. 여정은 끝이 없어야만 하고, 그래서 어떤 의미에서는 얻는 것이 없습니다. 결정적인 부분도 없을 수 있습니다.

진정한 하느님의 모습은 … 하느님을 향해 위를 바라보며 그분에 대한 갈망을 절대 멈추지 않는 영혼에 있다. (니사의 그레고리우스, 1979, p.55)

그레고리우스는 모세를 향한 하느님의 말씀에 마음이 사로잡혔습니다. "여기가 내 옆에 있는 자리다."(출애 33:21) 그레고리우스는 놀랍니다. 자리가 있으실 수 없는, 한정되실 수 없는 분 '옆에' 어떻게 자리가 있을 수 있을까요?

양적이지 않은 무언가(하느님)를 측정할 수 있는 척도는 없다. (니사의 그레고리우스, 1978, p.242)

그레고리우스가 양도논법을 해결한 방법은 출애굽기 본문을 영적으로, 유비적으로 읽는 것이었습니다. 산은 제한되지 않는 무한의 상징으로 읽히게 됩니다. 그의 하느님은 모세에게 이렇게 말씀하시는 분이었습니다.

꼭 이루어질 것에 대한 네 갈망이 커졌으나 네가 나아가는 가운데 만족에 이르지 못했고, 좋음에는 아무런 한계가 없는 것을 보면서도 너의 열망은 언제나 더 많은 것을 구하니, '나와 함께 있는 자리'는 아주 좋은 곳이어서 그리로 내달리는 이가 나아가기를 절대 그치지 아니한다. (니사의 그레고리우스, 1978, p.242)

그레고리우스는 아가서 주석에서 이 주제로 돌아옵니다. 거기서 그는 이렇게 언급합니다. "우리의 의무는 '절대 멈추지 않고, 길을 따라 점점 더 가까이 이끌리어, 언제나 위로 올라가는 것'(니사의 그레고리우스, 그리스 교부학** 44, 876C)이다." '나와 함께 있는 자리'는 수도원 담벼락 안에 있는 것이 아닙니다. 그 자리는 '안정'이 아닙니다. 그것은 타르콥스키의 예술가 정신이 추구하는 무한입니다. 나는 우리가 절대 멈추지 않고 달려가도록 부름을 받은 이 역동적인 '나와 함께 있는 자리'에 관해 분명하게 표현된 현대적인 유비를 타르콥스키의 구역에서 발견하게 된다고 생각합니다. 구역은 신성시되는 공간, 즉 열망을 불러일으키고, 궁극적으로 만족을 주지 않고, 어떤 형태의 도덕적 헌신으로서 전적인 돌이킴metanoia을 요구하는 것으로 나타나는 공간이기 때문입니다.

최근 몇 년간 신앙과 관련하여 여정의 언어를 사용하는 것이 새롭게 강조되어왔습니다. 이러한 새로운 경향에서는 그러한 여정을 목적지에 도착하여 종교적인 신앙을 갖게 되는 것으로 보아왔습니다. 여정은 신앙을 '향한다'는 것입니다.

니사의 그레고리우스가 그랬듯, 〈잠입자〉에서도 '여정'의 개념은 전혀 다릅니다. 여기서는 여정 자체가 관건이 됩니다. 목적지는 중요하지 않고, 가닿을 수도 없습니다. 여정에 담긴 정말 중요한 점은 변화, 즉 여정에 오른 사람 안에서 생겨나는 변혁입니다.

이러한 입장을 따른다면 오직 '안정'으로만 표현되는 종교는 침체 상태에 있는 것, 심지어는 처음부터 잘못되어 있던 것으로 판명될 수 있습니다. 종교는 끝없이 휘저어지는 물과 같습니다. 그렇게 물을 휘젓는 것이 겉보기엔 어리석거나 무의미해 보여도, 물이 계속 휘저어져야 우리는 계속 위로 오르고 찾아다니고 갈망하게 됩니다.

> 인간의 지식 체계에서 천재의 숙명은 놀랍도록 교훈적이다. 운동과 재건의 이름으로 파괴당할 운명에 처해 고통에 시달리도록 하느님께 선택을 받은 이 사람들은 행복하고 싶은 갈망과 행복이 실현 가능한 상태로는 현실에 존재하지 않는다는 확신 사이의 불안정한 평형이 자아내는 역설적 상태에서 자기 자신을 발견한다. (타르콥스키, 1986, p.53)

간단히 말해서, 이것이 잠입자가 처한 곤경과 그를 위해 이름 지어진 영화의 줄거리입니다. 존재하지 않을 거라고 언제나 미심쩍어하면서도 천재가 간절히 바라는 행복은 구역의 중심부에 있는 공간에서 이루어질 것처럼 보이는 가장 깊은 갈망의 성취임이 분명합니다. 그것은 그레고리우스가 묘사한 모세의 목표이기도 합니다. 그레고리우스는 모세를 도달할 수 없는 것을 향해, 결코 성취될 수 없는 갈망을 향해 나아가는 것을 절대 그치지 못하는 사람으로 묘사했습니다.

나는 이것이 신앙을 둘러싼 현대의 정황 가운데 '여정'의 언어를 사용하고 듣게 되는 방식과 연관이 있다고 생각합니다. 조애나 콜리컷Joanna Collicutt(2015)이 깨달았던 것처럼, 많은 사람에게 그러한 언어는 신앙을 향한 단순한 여정을 설명하기 위해 사용될 것입니다.

신앙생활은 목표를 '향한' 행동을 수반한다. 경로와 목적지가 있다. 그러므로 [그리스도인의 생활과 신앙에서] 성장을 이해하는 한 가지 방식은 경로를 따라 목적지를 향해 나아가는 것이다. (콜리컷, 2015, p.77)

뒷부분에서 콜리컷은 여정의 개념에 대해 상세히 말하고, 그러한 맥락에서 '방향'이 실제로는 어떤 것처럼 보일지 재고하는 듯합니다. 그녀는 복음서들이 묘사하고 있는 여정에 초점을 맞춥니다.

[복음서의 서사들에서] 이러한 여정은 곧은 선 모양으로는 거의 나타나지 않는다. 여정에서 방향은 전환되기 일쑤다. 종종 왔던 길을 되짚어가기도 한다. 엠마오로 가는 여정에서처럼, 때로는 목적지가 바뀐다. 이러한 많은 여정을 관통하는 핵심적인 특징은 돌아감 또는 되돌아감이다. (콜리컷, 2015, p.79)

마찬가지로 잠입자는 자신과 동행했던 사람들에게 이런 말을 합니다.

구역에서 낡은 덫은 사라지고 새것들이 자리를 잡는다. 오랫동안 안전했던 장소에는 왕래할 수 없게 되고, 그곳으로 이어지는 경로는 간단하고 쉽거나

어처구니없이 혼란스러울 수 있다. (타르콥스키, 1999, p.395)

타르콥스키가 암시하고 있는 것, 니사의 그레고리우스가 『모세의 생애』에서 묘사하고 있는 것, 예수 서사에 여정에 관한 이야기를 사용함으로써 복음서 저자들이 넌지시 말하고자 했던 것은 '신앙은 그 자체로 끝없는 변혁의 여정'이라는 사실입니다. 신앙은 모험입니다. 제자가 되는 일에 관해 현재 사용되고 있는 언어의 측면에서 이것은 무엇을 의미할까요? 우선, 목적론적 접근방식을 버리는 위험을 감당해야 한다는 점이 시사됩니다. 이 여정에 의미를 주는 것은 목적지가 아닙니다. 구역의 중심부에서 우리를 기다리고 있는 공간, 최종적인 정답은 없습니다. 이것이 암울하기만 한 이야기가 아니라는 것을 보여드리려고 노력할 것인데, 사실 나는 이것이 축복이라고 믿습니다.

셋

구역이 정말 외계에서 유래되었든 아니든, 초자연적인 장소든 아니든 간에, 영화가 다루는 주제는 구역에 대한 잠입자의 신앙입니다. 신앙은 이 자포자기한 남자를 유지해주는 접착제입니다. 그는 자신의 결혼생활을 걸었고 자기 인생과 자유를 불가능한 것, 증명할 수 없는 것, 터무니없는 것에 관한 내기의 밑천으로 삼았습니다. 그는 키르케고르가 표현한 '신앙의 기사the Knight of Faith'의 극적인 실현입니다.

이에 관해 신앙의 기사는 확실히 알고 있다. 그를 구원할 수 있는 모든 것이 터무니없다. 그는 신앙으로 이것을 붙잡는다. (키르케고르, 1985. p.75-76)

잠입자에게 신앙은 능력이나 힘의 원천이 아닙니다. 신앙은 여정을 가능하게 해주지 않습니다. 이 여정은 불가능을 통해 이루어지는 것입니다. 신앙은 여정을 더 쉽게 만들어주지 않습니다. 시험이 바로 이 여정의 본질입니다. 신앙은 여정의 목표를 드러내 보여주지 않습니다. 궁극적으로 목표는 이룰 수가 없습니다. 신앙은 어리석은 행동, 그야말로 바보의 행동입니다.

오직 어리석어짐으로써, 그렇게 신실해짐으로써만 니사의 그레고리우스가 남겨준 신앙 개념, 즉 뒤죽박죽, 존재하지 않음, 의심으로 특징지어지는 창조/구역을 통해 계속될 끝없는(절대 끝나지 않을 뿐만 아니라 목표도 없는 것으로서의 '끝없는') 여정으로서의 신앙 개념을 되살려나가기 시작할 수 있습니다(〈잠입자〉의 촬영을 방해한 재앙이 궁극적으로 제작에 박차를 가하고 희망의 원천을 입증해 보였듯이, 어리석은 행동, 위험, 있지 않음, 그리고 의심에 관한 이러한 개념들도 겉보기에는 부정적이지만 권위 있고 객관적인 진리, 최종적인 정답, 교리문답서와 의식서의 주장을 의심스러워하는 포스트모던 세대에게 그리스도교가 더 희망적이고 의미 있게 말을 건넬 수 있도록 도와줄 것입니다).

아무것도 얻지 못한 채 구역으로의 여행을 마치고 돌아와 좌절하고 절망한 잠입자를 아내는 잠자리에 부드럽게 누입니다. 울먹이는 어린

아이처럼, 그는 작가와 교수의 신앙 없음에 대해 악담을 쏟아놓습니다.

> 자기들 스스로 지식인이라고 부르지, 그 작가와 과학자 놈들. 그들은 어떤
> 것도 믿지 않아! 그놈들 배에는 사용을 안 해서 우그러지고 쭈그러든 장기
> 가 들어 있지. 자기들은 '목적을 가지고 태어났다'고, '소명을 받았다'고 알고
> 있더군! 그딴 인간들이 뭘 믿을 수나 있겠어? (《잠입자》, 1979)

잠입자에게 있어 '가장 끔찍한' 것은 아무것도 필요로 하지 않는 사
람들, 목적과 소명에 담긴 그들 자신의 힘이었습니다. 정확히 반대로 인
식했어야 하는 순간에 그들은 자신의 힘을 불필요하게 여기는 실수를 범
했습니다. 참된 힘은 필요로 해야 얻을 수 있습니다. 이것이 신앙입니다.

개성 있는 등장인물로서 잠입자는 영화의 모든 장면에 등장합니다.
지금 보게 될 마지막 몇 분을 제외하고 말이지요. 부서진 마음을 안고, 그
는 이야기에서 사라집니다. 여태까지 이야기는 거의 오로지 남성에 의해
펼쳐졌습니다. 마지막 두 장면에서 우리는 단독으로 먼저 잠입자의 아내
를, 다음으로는 그들의 딸을 마주합니다. 아내는 카메라를 정면으로 쳐다
보며 우리에게 말합니다. 그녀는 울며 고백합니다.

> 당신도 이미 알게 되었겠지만, 그는 하느님의 바보예요. 온 이웃이 그를 비
> 웃었어요. 그는 그토록 한심하고 실수뿐인 인간이었습니다. 그는 제게 다가

와 "나랑 가자"라고 말했을 뿐입니다. 그래서 저는 바로 출발했죠. 한 번도 그걸 후회하지 않았어요. 단 한 번도. (타르콥스키, 1999, p.415)

마지못해 실패를 인정하고 있기보다 차라리 어리석은 행동으로서, 목적지 없는 여정으로서 신앙을 새롭게 생각하는 것은 사실상 신앙의 근본적인 본질에 관한 확인입니다. '믿음은 우리가 바라는 것들을 보증해 주고 볼 수 없는 것들을 확증해 줍니다.' (히브 11:1)

바라는 것들에 대한 보증, 볼 수 없는 것들에 대한 확증. 이것은 구역에 대한 설명이자, 영화에 대한 정의이자, 신앙에 대한 단언이 될 수 있습니다. 세 가지 모두에 대해서 말이지요.

참고문헌:

콜리컷 (2015) *The Psychology of Christian Character Formation*. London. SCM Press.

니사의 그레고리우스 (1978) *The Life of Moses*. Translated by Abraham Malherbe & Everett Ferguson. New York. Paulist Press.

니사의 그레고리우스 (1979) *From Glory to Glory: Texts from Gregory of Nyssa's Mystical Writings*. New York. St. Vladimir's Seminary Press.

키르케고르 (1985) *Fear and Trembling*. Translated by Alastair Hannay. Penguin.

타르콥스키 (1986) *Sculpting in Time: Reflections on the Cinema*. Translated by Kitty Hunter-Blair. Austin, Texas. University of Texas Press.

타르콥스키 (1994) *Time within Time: The Diaries 1970-1986*. Translated by Kitty Hunter-Blair. London. Faber.

타르콥스키 (1994) *Andrei Tarkovsky: Collected Screenplays*. Translated by William Powell and Natasha Synessios. Faber.

미주

1 달리 명시하지 않은 한 〈잠입자〉의 모든 대사는 영화공급사 아티피셜 아이Artificial Eye에서 출시된 DVD로 이용 가능한 배포판에서 인용했다. 타르콥스키의 영화 대본집(타르콥스키, 1999)에는 이른 시기에 작성된 최종 대본의 초안이 포함되어 있다.

2 루기두스의 금언은 베네딕트회 규정의 간명한 표현이다. 규칙서에 따르면, 필요한 모든 것을 수도원 담장 안에서 이용할 수 있어야만 하고, 그러므로 수사는 전적으로 영혼에 이로울 것 없는 omnino non expedit animabus eorum 일, 곧 바깥에서 방랑하는 일vagandi foras을 할 필요가 없었다. (베네딕투스Benedict, 라틴교부학*** 66:900D)

* 성인전Acta Sanctorum Edited by J. Bolland & G. Henschen. 71 vols. Antwerp, 1685

** 그리스 교부학Patrologia graeca Edited by J.-P. Migne. 162 vols. Paris, 1857-1886

*** 라틴 교부학Patrologia latina Edited by J.-P. Migne. 217 vols. Paris, 1844-1864

지도

우리는 길을 잃었어요. 인정하세요.

블랙베리 즙으로 물든 손가락은 지도 위 경로를 따라가요.

여기가 우리 오른쪽에 있는 작은 만입니다.

잘 익은 산딸기가 달린 관목은 도움이 되도록

모두 표시가 되어 있네요.

우리가 지금 있는 곳이 얼마나 경사가 가파른지는

등고선들이 얼마나 바짝 붙어 있는지를 보면 알 수 있어요.

너도밤나무, 개암나무, 밤나무에는 저마다의 상징물이 있어요.

마로니에 열매는 껍질을 빼고

작은 깃발로 표시됩니다.

낙엽마다 앉은 자리, 너도밤나무마다 달린 팔,

시커먼 물웅덩이, 시냇물이 빠지는 곳에 굽이치며 생기는 물거품,

물가에 자라난 더부룩한 풀을 도식으로 만들어요.

범례를 참조하면, 꽃버섯, 자주방망이버섯, 졸각버섯 같은

먹을 수 있는 버섯들이 몰려 있는 곳의 위치를

지도에 정확하게 나타낼 수 있어요.

저건 올빼미가 소화하지 않고 뱉어낸 덩이의 흔적이네요.

이건 어치의 깃털 흔적이고요.

보세요. 부드러운 땅에 남은 우리의 발자국까지

선명하게 표시되었어요.

한 쌍의 점선으로 말이지요.

우리 머리카락까지 하나하나 숫자가 세어졌어요.

이와 같은 지도를 사용하고 있는데도

우리는 길을 잃었어요.

PRAY
FOR
ME

THE WEEKND
KENDRICK LAMAR

AVAILABLE NOW ON *Spotify*

*Express
Dry
Cleaning*

Professional
REPAIRS &
ALTERATIONS
ON THE PREMISES

신앙은 여정을 가능하게 해주지 않습니다.

이 여정은 불가능을 통해 이루어지는 것입니다.

신앙은 여정을 더 쉽게 만들어주지 않습니다.

시험이 바로 이 여정의 본질입니다.

신앙은 여정의 목표를 드러내 보여주지 않습니다.

궁극적으로 목표는 이룰 수가 없습니다.

신앙은 어리석은 행동, 그야말로 바보의 행동입니다.

– 콜린 헤버-퍼시

선교에서 변화는
어떻게 일어날까

애나 러딕

선교적 수수께끼

선교는 종종 대답보다는 질문을 더 많이 만들어냅니다. 새로운 관계를 구축하고 모임이 시작되고 선교활동을 위해 삶의 변화를 겪게 되는 현실은 이전의 가정에 맞서는 새로운 통찰을 가져다줍니다. 우리가 기대했던 방식대로 세계가 늘 흘러가지는 않고, 사람들은 무한히 놀라운 모습을 보여줍니다. 선교를 시작할 때 채택했던 세 가지 요점 전략은 이상하게도 사람들이 실제로 참여하기 시작하자마자 선교에 부적절해 보입니다.

나는 에덴 네트워크의 동료와 친구들 사이에서 여정을 시작하게 되었으며, 여기에서 생겨난 질문들을 점점 더 잘 알게 되고 많은 것을 발견하게 되었습니다. 나란히 살게 된 에덴 팀원과 도시 지역사회 구성원 사이에 구축된 관계에서 실제로 무슨 일이 일어났는지를 조사하는 가운데 말이지요. 연구하는 동안 영국 성공회 선교 전략을 개발하는 역할을 맡아 에덴 네트워크에 고용되어 에덴 구역에 살기도 했습니다. 참여적 관찰자로서 직접 실습할 수 있었고, 에덴 팀원과 에덴 팀을 이웃으로 만났던 지역사회 구성원에게 '생활 이야기'를 묻는 인터뷰를 진행했습니다.

어떻게 사람들이 변화하는지, 특히 어떻게 선교가 사람들을 변화시키는지를 이해하고자 시작된 작업은 몇 가지 놀라운 통찰로 이어졌습니다. 나는 이번 장에서 다음과 같은 선교적 수수께끼에 답하며 그러한 통찰 가운데 일부를 나누고자 합니다.

1. 사목적 돌봄이 선교일 때는 언제일까?

2. 관계가 비유일 때는 언제일까?

3. 선교의 목적이었던 사람이 선교의 주체가 되는 때는 언제일까?

수수께끼는 뜻을 쉽게 풀 수 없는 특별한 말하기 형식으로, 그 속에 담겨 있는 의미를 헤아리기 위해서는 ('지식' 그 자체보다는) 독창성을 사용할 필요가 있습니다. 경험, 창의적인 생각 및 현실적인 지략에 대한 이러한 필요는 '그 안에서 이론이 현실과 맞물려야 하고 그 과정에서 하느님과 만나게 되는' 선교에 특히 딱 들어맞는 것처럼 보입니다. 에덴 네트워크에서 사용해온 기존의 성육신 원리 모델과 도시 지역사회에서의 생활 경험, 그리고 성령의 활동 사이의 상호작용 가운데 선교적 삶의 새로운 유형이 부상하고 있습니다. 나는 그것을 '선교적인 사목적 돌봄missional pastoral care' 이라 부릅니다. 이는 이전에 붙잡고 있었던 세계 이해를 전복시키고 새롭게 보는 방식을 소개해주는 상호적 관계를 수반합니다. 삶의 변화를 낳는 그 풍성하고도 모호한 관계가 선교에서의 사목적 돌봄입니다. 그럼 시작해보지요. 첫 번째 선교적 수수께끼입니다.

사목적 돌봄이 선교일 때는 언제일까?

찰스 거킨Charles Gerkin은 1980년대 이후 '사목적 돌봄' 이해의 가장 큰 권위 자였습니다. 거킨은 심리학에서 얻은 통찰을 그리스도교의 신학적 세계관에 통합시키고 자신이 '이야기 해석학적인 사목적 돌봄narrative hermeneutical pastoral care'이라고 부른 것을 발전시켰습니다. 거킨의 모델은 인간 정체성에 있어 이야기, 또는 서사가 지닌 중심성에 입각합니다. '인간은 이야기 구조를 사용하여 의미를 조직하고 다양한 경험 요소를 일관성 있게 유지한다.'(1986, p.19) 그는 현실과 세계의 작동방식에 대한 이해를 형성하고 경험을 해석하는 데 사용되는 이야기의 '의미체계'를 각 사람이 가진다고 결론 내립니다. 해석학은 해석의 기술입니다. 거킨은 오늘날의 삶을 향한 의미를 이해하기 위해 우리가 성서를 해석하려 하는 것과 마찬가지로, 각 사람이 '살아 있는 인간 문서'라고 말합니다. 한 사람의 세계관으로 들어가기 위해 그 사람의 의미체계를 이해하는 일은 큰 돌봄과 주의를 필요로 한다는 뜻이지요.

한 개인의 의미체계는 생애 전체에 걸쳐 발전하고 삶의 경험을 해석해나가면서 개인 자신뿐만 아니라 가족, 친구, 교회나 학교 같은 권위로부터도 학습됩니다. 거킨은 사목적 돌봄을 그 안에서 의미체계가 도전받고 변화하는 역동적 과정으로 이해합니다. 그는 경험과 개인에게 가장 중요한 '의미 이야기narrative of meaning' 사이에서 일관성을 찾지 못하는 무능 때문에 개인적인 문제가 발생한다고 말합니다. 이야기 해석학적인 사목적 돌봄에 관한 거킨의 모델은 그리스도교 이야기와 도움을 찾는 개인의 삶 이야기 사이에 '대화 공간dialogical space'을 제공하고자 합니다. 사목적 돌봄자(거킨의 모델에서는 사목자나 상담전문가)는 신실하게 그리스도교 전통을 표현하고 돌봄을 받는 사람의 이야기에 공감하는 방식으로 관여하며 대

화를 촉진합니다.(1997, pp.111-113)

이 대화를 해내기 위해 사목적 돌봄자는 돌봄을 받는 사람과 '의미와 이해의 지평 융합'을 이루어야 합니다. 그 안에서 상대의 의미체계를 서로 이해하게 되는 공유된 언어 세계 말이지요. 상호 이해와 공유된 언어가 있을 때 경험을 해석하는 새로운 방식과 세계를 보는 새로운 방식을 돌봄 받는 사람이 실험하게 될 가능성이 있습니다. 거킨에게 이것은 창의적인 놀이의 과정이자 성령이 그 안에서 일할 수 있는 공간입니다. 그는 그리스도교 이야기를 '최종적으로 의미 있는 단일한 전망'을 제공하는, 대안적 의미의 필수적 원천으로 이해합니다. 거킨은 지평 융합과 '해석학적 놀이'에 관한 자신의 모델을 전문적이고 교회에 기반을 둔 사목적 돌봄에 적용합니다. 그 모델은 에덴 팀원과 지역사회 구성원 사이의 선교적 관계에서도 의미 만들기라는 똑같은 목적에 분명히 이바지했습니다. 사목적 돌봄이 선교일 때는 언제인가 하면, 사목적 돌봄이 해석학적 놀이 안에서 두 의미체계의 만남을 수반할 때입니다.

복음주의적인 선교 이야기로 알려진 에덴 네트워크는 자신들의 일을 '도시 선교'로 생각합니다. 이것은 주로 '말과 행동으로 그리스도교 메시지'를 나누는 일로 이해됩니다. 그러나 그들의 이야기를 들었을 때 나는 '선교'에 대한 이런 이해와 기대를 넘어서는 활동과 영향을 발견했습니다. 에덴 팀의 사역은 신앙 나눔을 수반합니다. 그러나 기본적으로 그 나눔은 말로 하는 복음 전도에 집중하지 않습니다. 나아가, 사역은 취약한 사람들을 지원하기 위한 사회적 행동을 포함합니다. 그러나 그 행동은 복음 전도가 완료되었음을 알리는 수단으로 도구화되지 않습니다. 마지막으로, 사역을 통해 종종 개종이 일어나지만 그게 유일한 목표는 아닙니다. 에덴 팀의 활동에 담겨 있는 폭넓음과 풍성함을 온전히 밝히기 위해 나는 이 부상하는 사역의 실제를 '선교적인 사목적 돌봄'이라는 새로운 모델로 설명합니다.

선교적인 사목적 돌봄은 구체적인 세 가지 방식으로 하느님의 선교가 일어나게 하는 활동입니다.

1. 서로의 유익을 위한 삶의 전인적인 나눔
2. 신앙 이야기를 포함하는 삶 이야기의 표현
3. 모든 참여자의 의미체계를 새롭게 형성하는 해석학적 놀이

이 모델은 관계를 통한 의미 만들기에 대한 강조와 함께 에덴 팀의 실천이 담고 있는 선교에 관한 전인적 이해를 아우릅니다. 두 번째 선교적 수수께끼를 향하게 되는 지점이지요.

관계가 비유일 때는 언제일까?

존 도미닉 크로산John Dominic Crossan은 '비유parable'를 구성된 세계에서 받아들여진 의미를 전복시키는 역할을 하는 언어의 한 형식으로 설명합니

다. 그는 예수가 초기 교회에서 '하느님의 비유'로 널리 알려져 있었다는 사실에 주목합니다. 거킨은 크로산의 개념을 발전시키고 해석학적 놀이 과정을 가능하게 해주는 역할을 맡은 '비유적 인물'로 사목적 상담전문가를 묘사합니다. 비유적 인물은 '신화적인 세계를 뒤엎음으로써 내면에서부터 변화를 만들어내고, 예상 밖의 새로운 전환을 통해 신선한 가능성이 열리게' 합니다.

관계가 비유일 때는 언제인가 하면, 관계가 일상의 대화와 실천 가운데 참여자의 의미체계를 전복시켜 말과 행동 가운데 새로운 의미체계를 구성하는 것이 가능해지는 때입니다.

지역사회 구성원인 수지는 열아홉 살이고 맨체스터 출신입니다. 아홉 살이었을 때 처음으로 자기 공동체에서 에덴 팀을 만났습니다. 그녀의 이야기는 선교에 관한 이런 '비유적' 모델을 분명히 보여줍니다.

나는 "봐, 넌 할 수 있어. 네가 그 일에 집중하기만 한다면 말이야"라고 말해주는 사람들에게 도움 받는 걸 더 많이 생각해요. 왜냐하면 우리 아빠는 거의 언제나 술집에 가 계셨고 그래서 나는 집에서 도움을 얻지 못했거든요. 그래서 결국엔 에덴 팀에서 그걸 얻게 되었죠.

나는 꽤 많은 시간을 린과 함께 보내곤 했어요. 제 생각엔 일을 마친 린과 함께 4~5일을 보내곤 했던 것 같아요. 그냥 같이 돌아다니고, 컴퓨터를 같이 하고, 같이 쉬고, 뭔가를 같이 먹으면서 말이에요. 내게 린은 엄마 같은 사람이었어요. 나한테는 한 번도 엄마가 없었거든요. 나와 린은 가게를 구경하러 다니거나 정원에서 쉬면서 온종일 함께 있곤 했어요. 주로 쉬면서 내 삶이 어떻게 변하고 있는지, 과거 그때 내가 어떤 느낌을 받았는지, 괴롭힘이 내게, 그리고 학교생활에 어떤 영향을 주었는지 이야기하는 게 우리가 함께하는 일이었죠. 린은 학교 바깥에서도 꾸준히 학교생활을 잘 해나갈 수 있도록 나를 정말 많이 도와줬어요. 정말 놀라운 일이었지요.

린과 줄리는 마침내 아빠가 아빠 노릇을 하게끔 관여하기 시작했어요. 그래서 나와 아빠는 오랫동안 해보지 않았던 부모와 딸의 역할을 하게 되었어요. 게다가 린은 아빠가 집안일을 비롯한 여러 가지 일들을 어떻게 해나가야 하는지 알려주었고 자기 집으로 초대해 밥을 함께 먹곤 했어요. 그래서 나는 도움을 받았고 아버지의 도움도 받게 되었어요. 그 도움은 이런 말과도 같았죠. "나는 지금 하느님을 알고 싶어요."

수지는 에덴 팀원과의 빈번하고 다양하며 의미 있는 접촉에 대해 묘사했습니다. 그녀는 린과 줄리를 가족, 심지어 부모와 같은 인물로 여겼고, 그들과 더불어 쉬고 놀기도 하고, 학교생활처럼 더 중대한 활동 가운데서도 정기적으로 함께 시간을 보냈습니다. 분명히 그들은 괴롭힘을 당했던 수지의 경험에 귀 기울이며 들어주는 역할을 해주었을 뿐만 아니라 수지와 수지 아빠 두 사람을 위해 실제로 음식을 만들어주고 집안일에 대한 도움을 제공해주기도 했습니다. 수지 이야기와 다른 인터뷰 참가자들의 이야기에서는 에덴 팀원과 지역사회 구성원 사이의 관계를 형성한 선교적인 사목적 돌봄의 일곱 가지 요소가 드러납니다. 바로 차이, 현장성, 이용 가능성, 실용성, 긴 기간의 헌신, 일관성, 그리고 사랑입니다. 이 요소들은 에덴 팀원이 도시지역에 이주함으로써 생겨났으며, 내가 해석학적 놀이로 묘사한 '의미체계의 전복과 재평가'를 가능하게 합니다.

에덴 팀과 지역사회 구성원 사이의 차이는 대안적인 존재방식에 대한 자각을 불러일으키며 기존의 관점에 도전합니다. 에덴 팀원은 지역사회 공동체에서의 시간을 우선시하고 지역 시설을 사용하는 가운데 상대적으로 작고 한정된 지리적 영역에 초점을 맞춥니다. 현장성과 나란히 있는 것은 이용 가능성입니다. 이용 가능성은 단순히 이용을 제한하는 경계만 없는 상태가 아닙니다. 그것은 시간이 흐르면서 상황에 따라 변화를 일으키지만, 환대에 대한 헌신과 관계를 맺고자 하는 기꺼운 마음은 유지하는, 타인을 향해 의도적으로 열려 있는 지향에 기초합니다. 이 모델은 계획된 활동이나 격식에 얽매이지 않는 친구 관계 안에 에덴 팀원과 지역사회 구성원 모두의 행동을 관련시키며, 완전히 실용적입니다. 에덴 팀원 루이스가 묘사하듯, 선교적인 사목적 돌봄은 전혀 다른 이야기가 일어나게 함으로써 한 사람이 자신에 대해 가지고 있는 믿음을 전복시킵니다.

대가족 출신인 한 여성이 기억나요. 그녀를 만났을 때, 그녀는 많이 이야기했고 나는 많이 들어야 했어요. 그리고 나는 그녀가 남의 말을 잘 듣지 못한다는 것을 알게 되었어요. 가족들과 함께 있을 때 보면 모두 서로 이야기하는 것 같았는데 말이죠. 나는 주간에 그녀를 따로 만나는데 계속해서 그 생각을 하게 되었어요. 그녀가 누군가에게서 단지 20분이나 1시간 정도밖에 얻을 수 없다 하더라도, 그저 그녀에게 주의를 기울이고 그녀가 말하는 것을 경청하고 돌보는 일, 그건 아주 큰 일이 될 수 있어요. (루이스, 그레이터 맨체스터)

신뢰를 쌓고 사람과의 관계가 성장하는 데 걸리는 시간의 길이를 참작해서 긴 기간의 헌신과 일관성이 수반되어야 합니다. 최종적으로 선교적인 사목적 돌봄의 맥락에서 사랑은 각 개인의 자기 의식에 관한 긍정입니다. 인터뷰 참가자들은 자신의 변화의 과정을 이야기하면서 별로 변화되지 않고 그대로 머물러 있다고 말할 때조차 수용받는 느낌, 그럴 때 더욱 자기 자신이 되는 것 같은 느낌에 관해 말했습니다. 요크셔 출신의 16세 지역사회 구성원인 제스는 이렇게 설명합니다.

정말 자신을 더 낫게 느끼게 되고 자주 '나는 할 수 있어' 같은 상태가 돼요. 뭔가를 해낼 수 있도록 그들이 격려해주는 것처럼 말이에요. 마치 가족과 같은 거죠. 뭐든지 그들에게 말할 수 있고 그들은 판단하지도, 무엇 하나 나쁘게 생각하지도 않아요. 그들은 오직 도우려 하고 그게 정말 좋아요. 정말 가족 같아요. 필요한 게 바로 이거죠.

각 개인의 자기 의식에 관한 이러한 긍정은 가장 중요한 일관성을 상실하는 일 없이 의미체계를 이루는 요소를 재평가하고 바꾸게 하는 가운데 사람들이 변화를 겪으면서도 그대로 머물 수 있도록 해줍니다. 현재에는 한쪽에 치워둔 과거의 믿음조차 그 안에서 받아들이게 되는, 응집력 있는 삶 이야기를 간직하는 것은 개인이 주관적 분열, 즉 자기 이해에 있어서 고통스러운 균열을 경험하는 것을 막아줍니다. 삶의 변화는 새롭고 출세 지향적인 공동체에 피상적으로 '적합해지는' 일보다 더 근원적인 일입니다.

선교적인 사목적 돌봄에서 이러한 종류의 애정 어린 긍정은 격식에 얽매이지 않는 일상의 관계 속에서 함께 떠들고 삶을 살아내는 동안 차이가 빚어내는 도전과 함께 주어집니다. 관계 그 자체는 애정 어린 자기 긍정과 나란히 주어지는 차이를 통해 삶 이야기에서의 전복을 어느 정도 경험하는 지역사회 구성원과 에덴 팀원 모두에게 비유적입니다. 이는 타인의 경험과 관계를 통해 만들어진 공유된 경험을 인정하고 설명하도록 의미체계가 조정되는 결과를 가져옵니다.

의미체계가 재형성되는 방식, 그리고 그로부터 발생하는 새로운 삶의 방식은 선교적인 사목적 돌봄의 결과입니다. 이 비유적인 관계 맺음은 상실, 모호함, 제한과 더불어 일종의 풍성함을 비롯한 복합적인 선을 만들어냅니다.

선교적인 사목적 돌봄에는 '내적 창의성과 건전한 역동성이 주는 성장과 성과'라는 그레이스 잔첸Grace Jantzen의 정의와 함께 일종의 풍성한 공명을 구성하는 다섯 가지의 상호 연결 효과가 있습니다. 더욱 강력한 자기 사랑, 삶에서의 선택에 대한 더욱 긍정적인 접근, 행동 능력의 증대, 선하신 하느님에 관한 의식의 증대, 그리고 상호 관계성이 바로 그것입니다. 맨체스터 출신의 지역사회 구성원인 폴의 이야기는 그만의 언어로 이러한 효과들을 분명히 보여줍니다.

나는 지금 그리스도인이 아니지만 많은 시간을 그리스도인들과 함께 보내요. 봉사활동을 많이 하죠. 나는 그들에 대해 많은 책임감을 느끼고 있고 확실히 감사해요. 나는 믿을 만한 사람이거든요. 누군가 나를 있는 그대로 인정하고 믿어준다면 그건 기분이 괜찮아지는 일이죠.

계속 거리에서 생활했다면 우리 가운데 절반은 아마 지금쯤 감옥에 있겠죠. 하지만 이걸 알고 모든 활동을 더 많이 하고 도와주기 시작하면서 나는 내가 변화하는 게 보여요. 그들과 함께 있는 동안에도 우리는 원래 하던 습관으로 돌아가곤 했죠. 예를 들면 사다리를 한 번에 한 칸만 올라가야 하는데 두 칸씩 올라가는 식이죠. 그런 식으로 문제를 일으키고 계속 엉망진창이었지만, 한편으로는 존중을 얻기 위한 사다리를 오르고 있기도 했어요. 그들과 함께 있었기 때문이죠. 나는 선한 길을 가기 위해 좋은 사다리 위로 펄쩍 뛰었어요.

어떤 면에서는 모든 것을 통해 [당신이 길을 찾도록] 하느님이 도와주세요. 당신이 길에 관해 생각한다면 말이죠. 그렇지만 나는 그분을 믿기 전에 뭔가를 보고 싶어요. 하느님은 아마도 나보다 한 발 앞서 계시겠지요. 실제로 무언가가 벌어지고 내가 그분을 만나게 되기까지, 그리고 그날이 오기까지, 나는 언제나 그분 뒤에 있는 사람이 될 거예요.

나는 [교회에서] 오랫동안 떨어져 있었어요. 친구들은 왔다가 가버리죠. 그렇지만 이 사람들은 내가 8년, 9년, 10년, 12년을 만나왔고 그래서 그들과 좋은 친구 관계를 만들게 돼요. 그들이 항상 주변에 있다는 걸 알기 때문에, 그래서 그들을 신뢰할 수 있죠.

폴은 자존감, 삶에서의 선택 및 하느님에 대한 의식에 강한 영향을 미치는 선교적인 사목적 돌봄을 경험하며 자신의 삶이 깊이 있게 빚어진 방식을 설명합니다. 인터뷰 참가자들의 이야기 전체에 걸쳐 이 다섯 가지 효과는 일관적으로 존재했습니다. 다섯 가지 효과는 선교적인 사목적 돌봄의 실제 과정과 해석학적 놀이 모두에서 한 부분을 이룰 뿐 아니라 그 과정과 놀이의 결과이기도 했습니다.

선교적인 사목적 돌봄이 만들어내는 복합적인 선의 이면에는 상실과 모호함이 있습니다. 이는 취약성에서 찾아집니다. 도시 지역사회에 거주하는 것의 취약성, 다른 사람과 삶을 나누는 일의 취약성, 긴 기간에 담긴 취약성은 종종 '일이 충분히 이루어지지 않았다'는 느낌으로 이어지곤 하는 이 모델의 과정적 본질이며 삶의 변화에는 한계가 있기에 발생하는 취약성입니다. 이 모호함은 선교에서 흔히 경험되며, 실무자에 의해 보통 실패로 해석됩니다. 제 연구는 그 효과들이 전적으로 부정적이기보다는, 이 복합적인 선에 꼭 필요한 부분임을 보여줍니다. 상실과 모호함은 앞에서 설명한 풍성함을 불가능하게 하는 일 없이 의미체계의 면면에 대한 도전과 해체를 구성합니다.

선교를 긴 기간 이루어지는 관계 가운데서의 의미 만들기로 생각하는 일은 차이와 자기 긍정 두 가지로 특징지어지며, 복음주의적 선교 실천 모델에 도전합니다. 실천에 있어서, 많은 현대 선교학자와 마찬가지로 에덴 팀도 생활방식의 진보적인 변화와 개종이라는 선교적인 노력의 결실에 대한 기대를 '도시 선교'로 이해하면서 에덴 네트워크 너머로 나아갔습니다. 선교에 있어서 변혁에 관한 담론은 정확히 어떤 일이 벌어지고 있는지 명확히 알 수 없도록 가려버리기는 하지만 그래도 희망과 결과에 대해 긍정적인 논의가 이루어지게 해줍니다. 상호 간의 의미 만들기에 대한 강조와 그 결과 주어지는 복합적인 선을 통해, 선교적인 사목적 돌봄의 비유적 관계는 선교와 그 결과에 관한 대안적인 이해를 제공합니다. 사실 그것들은 그리스도인과 선교를 받는 사람 사이의 새로운 관계를 시사하며, 최종적인 세 번째 선교적 수수께끼로 우리를 데려갑니다.

선교의 목적이었던 사람이 선교의 주체가 되는 때는 언제일까?

우리는 모두 선교에 자신의 역사, 문화 및 배경을 가져옵니다. 우리는 모두 제임스 비엘로James Bielo가 '선교화되는 주체에 관해 상상하기'라고 설명한 것을 계속하고 있습니다. 달리 말하자면, 우리에게 선교를 '받는 사람'이 생각하고 말하고 행동할 바를 우리가 상상하는 것입니다. 에덴 팀원 대다수는 대체로 성장 배경에 있어 중산층 출신이거나 개종을 통해 중산층 그리스도인들의 규범 안으로 문화화되었습니다. 따라서 그들은 복음주의적 영성과 함께 중산층 문화의 특성을 가져왔으며 이는 지역사회 사람들에 대한 어느 정도의 대상화로 이어졌습니다. 그레이터맨체스터 출신의 30대 팀원 샐리는 도시 지역사회에 거주하며 초기에 경험했던 긴장을 인정했습니다.

> 우리는 겁을 먹었고 공영 주택 단지에 거주하자는 생각을 그다지 반기지도 않았어요. 여기에 처음 왔을 때 나는 이런 생각을 하고 있었어요. "왜 이 사람들 전부가 이 문제들 전부를 안게 된 걸까? 왜 이들은 딱 자신을 일으켜 세워서 문제를 해결하는 데 착수하지 않을까?"

그러나 주변 사람들과 관계를 쌓아가는 가운데, 팀원들은 그들이 현실을 완전히 다른 방식으로 해석했다는 것을 발견했습니다. 에덴 팀원들은 도시 환경과 자신들이 만난 사람들이 해왔던 박탈의 경험이 어떤 규모에서 삶의 모양을 결정하는지, 그들 삶의 이야기와 자리를 형성하는 데 있어서 얼마나 중요한지를 깨닫기 시작했습니다. 샐리는 이어서 자신과 남편이 만약 에덴 팀에 참여하지 않았더라면 살고 있었을 삶에 대해 반성했습니다.

> 우리는 아마 그저 어딘가의 작은 중산층 주택 단지에서 살고 있었을 것 같아요. 이웃이 누구인지 몰랐을 거고, 아마도 꽤 멀리 떨어져 사는 친구나 가족이 있었겠죠. 실제로 지역사회가 공동체라는 의식은 전혀 갖지 않은 채로 말이에요.

이 반성의 과정은 이전까지 견지해왔던 가정에 대한 재평가를 수반했습니다. 지역사회를 위험하게 여기던 인식에서 안전하게 느끼는 태도로의 전환이 일어났습니다. 전적으로 파편화된 장소로만 보아오던 지역사회를 많은 지역 가운데 있는 공동체 정신으로 인식하게 되었습니다.

에덴 팀원들은 도시 지역사회에서의 거주 경험을 통해 이러한 변화를 하느님이 일으키신 것으로 설명했습니다. 샐리는 이제 그레이터맨체스터의 지역사회에서 거주한 지 10년이 되었습니다. 그녀는 이렇게 이야기합니다.

> 저는 사람들이 자신을 발견하게 되는 상황을 훨씬 더 잘 이해하고 있다고 생각해요. 하느님은 나로 하여금 삶이란 복잡성이 아주 많다는 사실을 볼 수 있게 해주셨어요. 사람들은 그러한 상황에서 자신을 발견하지요. 실제

로 당신은 꼭 그들과 함께하면서 상황을 완전히 이해한 후에 그들을 도울 수 있는 방법을 찾아야만 합니다. 그저 조급해하기보다는 그들 자신을 돕기 위해서 말이지요. 그래서 나는 하느님께서 정말로 그 일의 가장자리에서 나를 온화하게 만들어주셨다고 생각해요.

개인적인 부분과 사역 모두에 있어서, 에덴 팀원들은 자신의 경험을 하느님의 활동으로 이해하여 신학적 통찰을 비롯한 통찰이 생겨나게 했습니다. 도시 사람들과 만남을 통해 에덴 팀은 질문을 향해 부름을 받은 자신들의 의미체계를 갖게 되었고, 이것을 하느님께서 일하신 덕분이라고 말합니다.

선교의 목적이었던 사람이 선교의 주체가 되는 때는 언제인가 하면, 선교적 관계가 전개되는 가운데 선교하는 사람이 자신의 의미체계 또한 변하고 있음을 깨닫고, 그것이 자신이 만난 사람들을 통해 이루어지는 하느님의 일임을 깨달을 때입니다.

선교적인 사목적 돌봄은 그 안에서 모두가 해석학적 놀이에 참여하는 상호 관계적 공동체의 창조라는 결과를 낳습니다. 에덴 팀원 샐리는 경험을 통해 자신과 남편이 바뀌어온 방식을 반성했습니다.

공동체 의식은 기막히게 좋아요. 우리에게는 언제나 좋은 이웃이 있었어요. 아마도 그게 우리를 바꾸었다고 생각해요. 예전에는 그저 매일 밤 집에

와서 문을 닫고 다른 누군가에 대해서는 전혀 생각하지 않았거든요. 우리는 항상 그런 식으로 생각하곤 했어요. 우리는 이런 일에 참여하지 않았더라면 그저 작은 고치에 함께 갇혀 있는 것으로 끝날 뻔했어요.

또 다른 에덴 팀원인 아담은 지역사회 활동의 맥락에서 상호 관계성이 지역거주자협회를 발견했던 자신에게 미친 효과를 자세히 말합니다.

그들은 내가 만난 최고의 단체 가운데 하나예요. 너무나도 간절하게 변화를 보고 싶어 했거든요. 우리가 이걸 혼자서 하고 있지 않다는 사실, 이 지역에 예전부터 살아온 사람들과 동반자 관계 속에서 이 일을 하고 있다는 사실이 정말 신났어요. 그게 벌써 변화를 만들고 있어요. 에덴을 처음 시작했을 때 '우리는 변화를 위한 답을 가진 사람들이다'라고 생각했지만, 실제로는 지역사회 사람들이 답을 가지고 있어요.

이 이야기들은 에덴 팀원과 지역사회 구성원 모두가 해석학적 놀이의 결과로서 개인적인 변화를 경험함을 보여줍니다. 이 연구에서 에덴 네트워크 선교에 관한 지역사회 구성원들의 경험을 듣는 것이 중요했습니다. 선교적인 사목적 돌봄을 선교적 활동으로 서술해 발전시켜나가면서 지역사회 구성원의 이야기가 그들이 '받은' 선교 및 에덴 팀원과 함께 얻은 결과를 규정했습니다. 이는 상의하달식 선교 모델을 의도적으로 벗어난 것입니다. 상의하달식 선교 모델에서 실무자는 규정된 모델을 실행하도록 훈련받고 그 과정에서 선교를 받는 사람은 대체로 보이지 않습니다.

에덴 팀의 경험을 통해 분명해진 것은 선교를 '받는 사람'이 보이지 않거나 수동적이지 않다는 사실입니다. 일부 선교 모델은 대상화의 경향이 있지만, 이는 장기간의 성육신 원리적인 경험, 원하든 원치 않든 이른바 선교를 받는 사람의 반응과 씨름해야만 하는 선교 실무자들로부터 도전받고 있습니다. '받는 사람'의 관점과 함께 그 경험을 허용하는 가운데, 이 선교 모델 이해를 알리는 것은 우리 안에서 행하시는 하느님의 일, 우리가 '닿고자' 노력하는 사람들을 통한 하느님의 일을 교회가 확실히 놓치지 않도록 해줄 수 있습니다.

의미 만들기에 참여하기 위해서는 차이를 받아들이며 '타인'에 대한 애정 어린 긍정으로 규정되는 관계가 만들어져야만 합니다. 이는 변혁을 추구하지만 그러한 관계를 가능하게 하는 데에는 실패하는 선교 모델이 선교의 대상이 되는 사람의 의미체계에 중요하고 큰 영향을 미치지는 못할 것임을 보여줍니다. 그런 모델에는 진정하고 지속적인 삶의 변화가 아닌, 작은 영향조차 전혀 미치지 못할 수도 있고 단순히 '적합해지는 일'이 될 위험도 있습니다. 이 선교 개념에서는 선교 실무자와 선교를 받는 사람 모두가 세계에서 일어나는 하느님의 선교적 활동을 받는 위치에 있으며 관계의 과정 가운데 변화하게 됩니다. 이는 하느님의 나라에 대한 맛보기인 돌봄의 상호적 공동체를 만들어나가는 일에서 선교사와 선교를 받는 사람의 범주 구분을 불필요하게 만듭니다.

세 가지 선교적 수수께끼를 제기하고 에덴 팀원과 도시 지역사회 구성원의 경험에 기초해 답을 해보면서 파이어니어다운 선교적 실천에 필요한 독창성이 자명해졌길 바랍니다. 선교하고 계신 하느님의 신비가 우리 자신을 이끌어가게 함으로써, 그리고 이루어질 일에 대한 호기심을 유지함으로써, 우리는 선교 실무자인 동시에 선교의 대상인 사람으로서 선교에 참여할 수 있습니다. 우리와는 다른 사람들과의 상호적 관계를 통해 자신의 의미체계가 새로워지길 구하면서 말이지요. 에덴 네트워크와 도시 지역사회 구성원 사이에서 부상하는 선교 모델로서의 선교적인 사목적 돌봄은 선교와 제자도, 하느님의 나라와 교회, 복음주의와 사회적 행동 사이의 쓸모없는 이분법을 세계에서 확장되고 있는 하느님의 일로 함께 묶어냄으로써 해결할 가능성이 있습니다.

참고문헌:

제임스 비엘로Bielo, J. (2011). *Emerging Evangelicals: Faith, Modernity and the Desire for Authenticity*. New York: University Press.

쿠처 & 헌터Couture, P. D., & Hunter, R. J. (1995). *Pastoral Care and Social Conflict*. Nashville: Abingdon Press.

존 도미닉 크로산Crossan, J. D. (1988). *The Dark Interval: Towards a Theology of Story* (Vol. 56). Sonoma: Eagle Books.

존 도미닉 크로산 (1992). *In Parables: the Challenge of the Historical Jesus*. Sonoma: Eagle Books.

찰스 거킨 (1984). *The Living Human Document*. Nashville: Abingdon Press.

찰스 거킨 (1986). *Widening the Horizons Pastoral Responses to a Fragmented Society*. Philadelphia: Westminster Press.

찰스 거킨 (1997). *An Introduction to Pastoral Care*. Nashville: Abingdon Press.

그레이스 잔첸 (1998). *Becoming Divine: Towards a Feminist Philosophy of Religion*. Manchester: University Press.

룸스Rooms, N. (2015). Missional Gift-Giving: A Practical Theology Investigation into what Happens when Churches Give Away "Free" Gifts for the Sake of Mission. *Practical Theology* Vol.8 No.2, 99-111.

Sremac, S. (2014). Faith, Hope, and Love: A Narrative Theological Analysis of Recovering Drug Addicts' Conversion Testimonies. *Practical Theology* 7.1, 34-49.

Steinhoff Smith, R. (1995). The Politics of Pastoral Care: An Alternative Politics of Care. In P. D. Couture, & R. J. Hunter, *Pastoral Care and Social Conflict* (pp. 141–151). Nashville: Abingdon Press.

The Message Trust. (2015, June 4). Home: The Message Trust. Retrieved from The Message Trust: http://www.message.org.uk/

Wilson, M. (2012). *Concrete Faith*. Manchester: Message Publications.

iberate o
stiny
I hope, I hope
WE'RE ALL
YET HOPE HAS RISE
All I can ever do is put one foot in front of the
So far it has always taken me where I
Beyoncé's a bit of alright!
I don't travel alone
People are important but places!
사랑과
평화
愛と平和
NO-WHERE
NOW-HERE
AND NOW EVER IS...
... NO WHERE BUT
HERE
2+2 DON'T = 6 OR
We are all immortal
If only for a life
... IT'S
in
my
HANDS.
Enjoy the journey,
as the summit might not
be what or how you imagine
NO IT ISN'T
TRUST ME
I agree and more...
I come back to Europe again!
find a new love!
Alice
ARCHITECTURE
IS LIFE
AND A LIFE
WORTH LIVING
A great poet
once said
"Her mother said
"Don't eat with
your fingers" "OK"
said Vidiadous
Rose-so
She ate with
her toes.
Rather
to Use
Than
Fame
Aloha!
Love the
V&A
www.tendencias.tv
Claire would
say
Live in the
moment.
I agree.
do less.
VIRAL WAX
Lovely
to CU again!
become
famous!
LIVE BEYOND
THE MOMENT
Tomorrow starts today!

각 개인의 자기 의식에 관한 이러한 긍정은

가장 중요한 일관성을 상실하는 일 없이

의미체계를 이루는 요소를

재평가하고 바꾸게 하는 가운데

사람들이 변화를 겪으면서도

그대로 머물 수 있도록 해줍니다.

– 애나 러딕

몸으로 하는
그래피티

레이철 그리피스

나는 연극 워크숍 형태로 미래-현재 대화에 참여했습니다. 우리는 모임을 이루어, 간혹 '활인화tableaux'라는 이름으로 알려진 정지 이미지를 만들어 보면서 변화가 일어나길 바라는 문제와 상황에 대해 생각했습니다. 바라보았고, 변화를 상상했고, 우리의 자리를 바꾸었고, 우리 앞에 펼쳐진 미래를 볼 수 있었습니다.

이러한 방식은 아우구스토 보알Augusto Boal의 작업과 실천에서 비롯되었습니다. 보알은 브라질 출신의 연극 감독이자 제작자로서, 정치적 관점 때문에 1950년대에 브라질에서 추방당했습니다. 그는 주로 가난하고 소외된 공동체 가운데서 작업했고, 사람들의 신분과 토지에 대한 권리가 빈약했던 시골 지역에서 자주 작업했습니다. 보알은 자신의 위대한 친구 파울로 프레이리Paolo Freire의 작업과 그의 독창적인 저서 『페다고지 The Pedagogy of the Oppressed』(그린비, 2009)에서 영감을 받아 '억압받는 자들의 연극the Theatre of the Oppressed'을 창안했습니다. 보알은 이렇게 믿었습니다.

재산을 빼앗긴 사람들의 인간화는 … 각 사람 안에 자리한 예술적 역량의 회복과 함께 시작된다. (보알, 1998, p.40)

보알의 연극 형식은 참여자를 작업의 저자로 설정했으며 관중specta-tors(그가 '보는-배우spect-actors'라고 불렸던)은 연기에 대해 지적할 수 있을 뿐만 아니라 도중에 극을 중단시키고 대안적인 내러티브를 제안할 수 있을 정도로 '보고 참여하는' 과정에 능동적으로 관여하게 되었습니다.

워크숍을 통해 우리는 이 대안적인 내러티브를 탐구하고 싶었습니다. 우리의 뇌리를 사로잡고 있는 것은 무엇일까요? 세계를 위해 지역적으로, 국가적으로, 전 지구에 걸쳐 무엇을 꿈꾸고 있나요? 어디에서 변화를 보고자 하나요? 어떻게 하면 그 변화의 동인이 될 수 있을까요?

브라질 시골에서 벌어지는 억압과는 먼 거리에 있지만, 나는 보알의 실천 작업을 인도의 빈민가, 스위스의 사무실, 런던의 학교를 비롯한 다양한 맥락에서 보았습니다. 그래서 옥스퍼드에서 시도해보았습니다.

워크숍 활동 방법

열두 명 정도가 한 모임을 이루었습니다. 짧게 자기소개를 한 뒤 깜짝 생일 파티, 가족사진, 버스 정류장에서의 모습처럼 친숙한 상황들을 재현하는 정지 이미지를 만들기 시작했습니다.

이 이미지를 만드는 방법은 한 사람이 공간에 자리를 잡는 것에서 시작합니다. 다른 사람들은 모두 지켜보다가 각자 자기 눈에 띄는 것에 반응하며 한 번에 한 사람씩 앵글 안으로 들어가서 이미지 안에 자신을 추가하기 시작합니다. 마침내 이미지는 모두가 알아보는 무언가로 만들어집니다. 참여하려는 의지 외에 별다른 것을 요구하지 않는 간단한 과정입니다.

예시로는 가족사진이 좋겠습니다. 여러 번 촬영해볼 수 있고 매번 촬영할 때마다 가족의 모습이 매우 달라지기 때문입니다. 사람들은 다양한 방식으로 이미지 안에 자신을 위치시킵니다. 그들은 이미지에 자신만의 진실을 가져오거나, 자신이 창조한 이미지의 이야기 안에서 자신과는 전혀 다른 누군가를 자유롭게 연기합니다. 무슨 일이 일어나든 간에, 우리가 가족의 모습으로 인식하는 이미지가 항상 만들어졌습니다. 그게 우리가 속하기를 바라는 가족의 모습이든 아니든 간에 말이지요!

나는 미래를 향한 하느님의 꿈을 상상하는 그 자리에 모임 가운데 한 사람이 자신이 가져온 문제를 공유하고, 그것을 현실화하는 일에 우리 모두가 어떻게 참여할 수 있을지 이야기해주기를 부탁했습니다. 한 제안이 주어졌습니다. "어린 여성들의 성매매에 대해 우리는 무엇을 할 수 있을까요?"

처음에는 이미지로 사실을 진술했습니다. 나는 제안을 해준 여성에게 자기 생각을 '본'으로 떠달라고 요청했습니다. 마치 조각가가 된 것처럼 말이지요. 제안자가 생각하는 대로 이 문제의 형체가 되어주는 역할은 또 다른 참가자가 맡았습니다. (조각되는 역할을 맡은 사람은 작업 과정에서의 신체 접촉을 허락해주어야 하고, 조각가의 지침에 부응하기로 동의합니다.) 그녀가 작업을 마치자, 우리는 무릎 꿇은 채 머리를 숙인, 억압받고 있는 한 사람을 목격하게 되었습니다.

다음으로 해야 할 일은 이 이미지가 해결되는 모습을 상상하는 것, 또 다른 길을 상상하며 그 끝에 도달하게 될 희망을 보는 것이었습니다. 상황을 제안한 사람은 다른 참가자를 데리고 공간에 그들을 위치시켜 이미지를 만들도록 한 번 더 요청받았습니다. 그녀는 일렬로 세 사람을 더 추가했습니다. 각 사람의 신체는 자유에 관한 최종적 이미지를 향해 나아가는 단계를 보여주었습니다. 일어서 있고, 고개를 들어 위를 보고 있고, 두 팔을 활짝 편 모습으로 말이지요.

이것을 보며 어떻게 느꼈는지 저자에게 물어보았습니다. 이는 자신이 아직 보지 못한 무언가에 대한 희망을 공유한 사람에게 묻는 결정적인 질문입니다. 네 명의 자발적인 참가자와 함께 만든 이미지를 보면서, 그녀는 이미지가 자신에게 다시 반사되며 정서적으로 자신이 갈망하는 변화를 목격하는 느낌을 받았다고 말했습니다. 이 작업에서 다음 단계는 억압된 상태에서 자유로운 상태로 옮겨주는 것이 무엇인지 스스로 묻는 것이었습니다. 우리는 신체적인 것에서 벗어나 논의를 시작하지 않습니다. 대신 우리의 말을 우리 눈에 보이는 것에 단단히 고정합니다. 예를 들면, "우리는 억압받는 사람이 고개를 들 수 있도록 도와야만 해요", "그녀는 일어서야만 해요. 홀로 일어설 수가 없으니 도와줄 누군가가 필요해요" 같은 말들입니다. 이 방식으로, 우리가 정면에서 보고 상상했던 변화를 가져오기 위해 실제로 할 수 있는 일의 내러티브를 만듭니다.

담고 있는 진실을 통해 우리의 사고와 감정을 사로잡는 이 호소력 있는 이미지의 효과를 확인하고 공간을 정리했습니다. 이번에는 내가 단체 이미지를 만들자고 제안했습니다. 우리는 저자/조각가를 한 명으로 제한하지 않게 되었습니다. 공저자로서 제목을 정했고 이미지를 만들어나가기 시작했습니다. 나는 모임이 자신들의 신체적 능력을 여러 가지 수준에서 사용하기를 권장했습니다. 일어서고, 앉고, 웅크리고, 드러눕는 것처럼 말이지요. 그리고 말없이 해야 했습니다. 모든 것이 침묵 가운데 이루어졌습니다.

세례식에 모여 있는 사람들의 모습이 창조되었고 장면의 중심에는 아기와 가족이 있었습니다. 그들 주변으로는 다양한 방식으로 자리를 잡은 사람들이 위치했습니다. 이 대목에서 나는 사람들이 자신이 택한 자리에 있으면서 무엇을 느꼈는지 묘사하도록 한마디나 몇 마디 말을 해달라고 부탁했습니다. 그중 기억에 남는 것은 시각적으로 모임의 바깥쪽 가장자리에 있었지만 장면에 소속감을 느낀 사람들의 이야기였습니다. 소속감을 느끼는 여러 가지 방식을 통해 어떻게 공동체가 서로 다른 사람들에게 각각 다른 것을 의미하는지 이야기 나눌 수 있었습니다.

워크숍은 짧았습니다. 한 시간 동안 꿈과 상상을 탐구하는 방식을 간단히 다뤄볼 수 있었습니다. 시간이 더 있었다면, 이미지 하나에 몰입해 그것을 전개하고 주제를 탐구해볼 수 있었을 것입니다. 모임으로 작업할 수도 있고 한 사람 또는 그 이상의 사람들이 저자가 되어볼 수도 있습니다. 두 접근방식 모두 그 안에서 발견하게 되는 진실이 있습니다. 외부의 시선을 갖는 것은 실로 유용합니다. 우리 모임에서는 한 사람을 이미지 안에 위치시키지 않기로 선택했습니다. 그래서 나는 그녀가 무엇을 볼 수 있었는지 물었습니다. 이것은 위대한 질문입니다. 당신은 무엇을 보고 있나요?

나는 연극에서 신체적 언어를 사용해 진실을 발견하고 더 많은 질문을 발굴해낼 수 있다고 굳게 믿습니다. 정말 실용적인 부분을 언급하자면, 이 방식은 논의의 핵심으로 가는 지름길을 제공합니다. 우리는 문제를 맴돌며 이야기하지 않습니다. 문제를 살펴보는 이 방식은 더 깊은 탐구의 자리로 향하는 발판을 제공합니다. 그리고 시간이 절약됩니다!

더 시적으로 말해본다면, 우리는 모두 참여하도록 초대받았고 누구도 책임을 홀로 감당하지 않습니다. 특별히 더 많이 말하는 사람도 없고 누군가의 발언이 더 무게가 있지도 않고 우리 모두가 저자입니다. 모든 인간은 자신 안에 예술적 역량을 가집니다. 마침내 우리는 도대체 무엇이 가능할까 궁금해하며 떠나가지 않게 됩니다. 우리는 우리 몸에 담겨 있는 가능성을 감지하고 표현하면서 출발합니다. 가능성이 어떤 식으로든 우리 안에 새겨져 있기에, 우리는 그 가능성의 현실화를 향한 여정에서 다음 걸음을 내디딜 수 있습니다.

참고문헌:

보알 1998. *Legislative Theatre*. Abingdon, Oxon: Routledge. Translated by Adrian Jackson.

참여적 연극 프로젝트 –
공적 공간에서의 사적 문제

인도 첸나이의 여성들과 함께,

카루날라야^{Karunalaya} 지원

http://www.karunalaya.org

비르지니 블라밍크^{Virginie Vlaminck} 사진

그리스도를
여자아이로
상상하기

니콜라 슬리

도입

나는 상상력이 풍부한 작업으로서의 꿈꾸기가 지닌 시급성을 주장하고 싶습니다. 그리스도인은 꿈을 꾸도록 부름을 받았습니다. 이 글에서는 성육신을 여성의 형태로, 한 여자아이로서 이 세상에 오시는 것으로 꿈꾸어보는 실험적 행위를 해보려 합니다. 만약 이것이 기이하거나 심지어는 부적절한 실험으로 여겨지신다면 부디 관용해주시기를 청합니다. 나는 나의 주장이 성서와 그리스도교 전통에 근거한 합당한 신학적 시도로서 오늘날의 그리스도교 신앙과 실천에 중대한 공헌이 될 수 있도록 노력하고 있습니다.

먼저 그리스도인의 삶에서 꿈과 상상이 지닌 중심적 역할을 개략적으로 살펴볼 것입니다. 그다음에는 여성의 육신으로 오시는 하느님 개념을 그리스도교 신학에서 추적할 것입니다. 현대 여성신학만이 아니라 더 많은 고대의 신학들도 살펴볼 것입니다.[1] 성서적 신앙의 핵심 요소이기도 한 그리스도교 신앙의 종말론적 차원이 뜻밖의 새로운 방식으로 그리스도가 오는 앞날을 예상하고 기대하며 내다보도록 해준다는 점을 말하려 합니다.

역사 속의 예수는 팔레스타인에 사는 젊은 유대인 남성이었지만, 전 세계의 서로 다른 사람들이 자신이 '하느님의 모습대로 빚어졌음'을 알게 되고 자신의 육신과 삶 가운데서 성육신의 진리에 접근하려면 신앙의 여성/그리스도Christ/a가 인류의 다양한 얼굴과 형태에 관한 훨씬 더 광범위한 목록을 나타낼 수 있을 뿐 아니라 실제로 나타내야만 한다고 말할 것입니다. 이른바 크리스타Christa라고 불리는 여성 그리스도의 모습에 관한 생각은 더 고대의 계보로부터 시작해 수십 년 넘도록 여성신학에서 발전되어 왔지만, 한 여자아이로서의 크리스타 개념은 좀처럼 논의되거나 발전되지 않았습니다. 이는 보다 넓은 의미의 신학에서뿐만 아니라 여성신학에서조차 여자아이의 삶, 필요 및 재능이 주목받지 못하는 현실을 반영합니다.

여자아이로서의 크리스타[2] 개념을 발전시키는 것이 그리스도교 공동체 안에서 어린이 신학을 보다 진정성 있게 만드는 데 공헌할 뿐만 아니라 그렇게 발전시켜야 하는 정치적이고 신학적인 특별한 이유가 있음을 논증할 것입니다.

시급한 꿈꾸기 작업

보통 '몽상가'라는 말은 현실과 동떨어진 채 꿈속을 부유하며 거짓된 환상의 세계에서 삶을 낭비하는 사람을 뜻하는 경향이 있습니다. 그러나 그리스도교 신앙은 꿈꾸기를 매우 존중합니다. 야곱에서 다니엘에 이르기까지, 나사렛의 요셉에서 빌라도의 아내에 이르기까지 성서는 꿈과 몽상가에 관한 이야기로 가득 차 있습니다. 꿈은 신앙인뿐만 아니라 모든 사람과 하느님이 소통하는 데 사용되는 주요 수단입니다. 예수는 꿈꾸기에 관해 직접적으로 이야기하지는 않았지만, 사용했던 많은 비유들이 강렬하고 초현실적인 꿈의 특징을 나타냅니다.

여러 시대에 걸쳐 시인과 신학자는 이 꿈꾸기 작업의 전형이 되어왔습니다. 그들은 단순히 현재의 모습뿐만 아니라 앞으로 될 수 있을 세계와 신, 그리고 인간 존재를 상상하는 사람들입니다. 상상력은 심오한 예언자적 능력입니다. 앞으로 펼쳐질 모습을 볼 수 있는 눈은 현재의 타락과 과거의 실패를 비판적으로 분석하고 심판합니다. 상상력은 우리로 하여금 현재의 한계를 넘어 더 높은 곳에 닿을 수 있도록 해주는 능력입니다. 몸은 갇혀서 고문당하고 죽임을 당할 수 있지만, 상상은 누구에게도 지배되지 않습니다. 이것이 예술가, 시인, 그리고 종교적인 신앙인을 전체주의 체제가 두려워하고 제거하려는 성향을 보이는 이유입니다. 그들은 상상력이 자신들에게 위협이 되는 자유의 능력이라는 사실을 알고 있습니다.

상상력은 페미니스트와 현재의 정치적 현실을 견디고 싶어 하지 않는 모든 사람에게 필수적입니다. 가부장제, 식민주의, 인종차별 및 다른 모든 억압제도는 비인간적인 폭력, 전략 또는 지적 논쟁으로 극복되지 않으며, 급진적인 언어, 상징 및 이야기로도 해결되지 않습니다. 페미니스트는 남성 권력 및 그것의 고질적인 폭력과 여성 혐오가 지배하는 현 상황에서 세계가 달라질 수 있다고 꿈꾸는 사람들입니다. 그들은 여성의 경험이 진지하게 받아들여진다면, 여성과 여자아이들이 자신의 권력을 주장하고 사용할 수 있는 힘을 가지고 있다고 상정한다면, 그리스도인이 자신에 관해 확고히 믿고 있듯이 하느님의 모습대로 여성과 여자아이들이 남성 및 남자아이들과 평등하게 된다면 세계가 어떤 모습일지 상상하기 위해 새로운 이야기를 하거나, 오래된 이야기를 새로운 방식으로 분명히 표현하고자 합니다.

페미니스트의 상상력을 발휘하는 이 글은 하느님이 어떻게 새로운 형태와 방식, 구체적으로 말하면 한 여자아이로서 우리를 찾아오실지에 대한 꿈꾸기 작업입니다. 이 작업에 당신을 초대합니다. 이 실험은 경쾌하면서도 동시에 진지한 태도로 제안됩니다. 이것은 우리 가운데 새로운 방식으로 성육신하시는 하느님을 감지하고 인간 육신의 신성한 본성을 새로이 깨닫자는 초청입니다. 구체적으로 이것은 성육신하시는 하느님을 상상하고 반영할 수 있는 여자아이들의 몸과 삶을 거룩하고 귀중하게 들어 높이려는 시도입니다. 이 실험은 그리스도 안에서 오는 하느님에 대한 피곤하고 상투적인 사고방식을 전복시키는, 도전적이고 비판적이며 희망적일 수 있는 자유 사고활동이 되도록 의도되었습니다.

여러모로, 하느님이 여성의 형태로 우리 가운데 계실지 모른다는 생각은 새로운 생각이 아닙니다. 그러나 여성/그리스도가 우리 가운데 한 여자아이로 태어날 수 있다는 구체적 개념과 그리스도를 가리키는 상징으로서의 여자아이상에 대한 주목은 훨씬 이례적입니다. 앤 필립스Anne Phillips와 다른 이들[3] 이 지적했듯, 아주 최근까지 여자아이들의 신앙생활은 주류 신학뿐만 아니라 페미니스트 사이에서도 무시되어 왔습니다. 여자아이들이 그리스도교 신앙에 가져다줄 수 있는 선물에 대해서만큼이나 그들의 구체적인 필요와 경험에 주목하는 일이 드물었습니다. 여성/그리스도를 여자아이로 상상하는 가운데 이 실험이 그런 추세를 역전시키는 데 도움이 되기를 바랍니다.

여자아이잖아!

온라인 성탄절 카드와 다양한 형태의 성탄절 카드 모두에서 보았던 만화가 있습니다. 주목을 받도록 중앙에 놓인 구유와 함께 차분히 앉아 있는 마리아와 요셉을 보여줍니다. 마리아는 구유를 바라보다가 깜짝 놀란 얼굴이 되고 말풍선은 이렇게 공표합니다. "여자아이잖아!" 이것을 다음과 같은 시의 형태로 표현해보았습니다.

소식은 들불처럼 번지네.

현자들은 어쩔 줄 모르네.

천문학자들은 별을 다시 계산했네.

목자들은 슬그머니 맡은 일을 하러 돌아갔네.

산파들만이 고개를 끄덕이며 미소를 지었네.

가득 둘러싼 천사들은

노래하네 "영광! 영광!"[4]

만화는 정확하게 기능합니다. 여자아이로 오는 그리스도를 상상하는 일이 충격적이지는 않지만 재미있기 때문입니다. 그러나 이것은 왜 그토록 깜짝 놀랄 생각일까요? 이 농담에는 하느님이 어떻게 여자아이로 왔는지 말해주는, 앞선 만화보다 덜 알려진 또 다른 형태가 있습니다. 단 한 사람도 여자아이로 온 하느님이 말한 모든 것, 행한 모든 일에 티끌만한 신경조차 쓰지 않았고, 어떤 것도 전달되거나 기록되지 않았습니다. 그래서 하느님은 처음부터 다시 시작해 남자아이를 보내야만 했습니다. 그리고 나머지는 우리가 알고 있는 역사입니다.

여자아이로 오소서.

나는 그리하였다. 아무도 신경 쓰지 않았다.

여자아이로 오소서.

나는 그리한다. 네 눈을, 네 마음을, 네 막힌 귀를 열어라.

여자아이로 오소서.

나는 그리할 것이다. 나는 아직 너희 가운데로 가고 있다.

태어나기에 안전한 장소,

나를 환영해주는 집을 찾으면서 말이다.[5]

어떻게 될까?

하느님은 여자아이로 오실 수 있었을까요? 어떤 그리스도인에게 이것은 터무니없는 개념처럼 보이고, 심지어 이런 물음을 던지는 것 자체가 신성

모독이라고 말하는 자들을 만나보았지만, 초기 신학자들은 이 문제를 진지하게 받아들였고 특별히 중세 신학자들 사이에서는 상당한 토론 거리였습니다. 재닛 마틴 소스키스Janet Martin Soskice는 이렇게 말했습니다. "그리스도가 남자로 태어나는 것이 적합했다는 결론에는 의심의 여지가 전혀 없었지만, 성의 상징에 주목하는 사람에게 있어서는 논쟁이 어떠한 가치도 없는 것은 아니다."[6] 이 다양한 논쟁을 검토한 후, 소스키스는 아퀴나스가 『신학대전Summa Theologiae』에서 전형화한 가장 일반적인 입장을 살펴봅니다. "남성은 여성보다 탁월하기에, 그리스도는 남자의 본성을 취했다." 이것은 추가 의견으로 균형이 잡히기는 합니다. "사람들이 여성의 성에 관해 거의 생각하지 않도록, 그가 여자에게서 육신을 취해야 했던 것은 적합했다."[7] 위대한 신학자가 마리아의 몸과 갓난아기 그리스도의 육신을 병행시키면서 여성의 육신에 대한 존중을 유지하려 시도하고 있을지라도, 그가 여전히 작은 여자아이가 하느님께 보내는 편지에 적듯 생각한다는 사실은 명백합니다. "남자애들이 최고네요."[8]

나는 그리스도가 한 여자아이로 왔었을 수도 있고 아직 오지 않았을 수도 있다는 이 생각이 터무니없는 게 아니며 사실 그리스도교 신학의 몇 가지 핵심 원칙을 표현하는 발상임을 말하려 합니다. 특별히, 그리스도교 신앙의 종말론적 차원은 우리를 놀라게 할 만한 모습과 우리가 대비하지 못한 방식으로 그리스도가 오실 끝없는 미래를 향해 우리가 방향을 잡도록 만듭니다. 물론 그리스도교는 나사렛의 예수와 초대교회의 역사

뿐 아니라 이스라엘 역사 등 구체적인 역사에 뿌리를 둔 역사적 전통입니다. 내가 제안하려는 내용에는 그 구체적인 역사를 부인하거나 되돌리려 하는 것이 없습니다. 그러나 그리스도교가 하나의 역사적 전통이라는 개념은 과거에 뿌리를 두고 있는 상태만을 가리키지 않습니다. 역사적 전통으로서의 그리스도교 개념은 시간이 흐르면서 펼쳐지는 역동성과 전개되는 미래를 향한 개방성도 표현합니다. 역사는 과거에 대한 것만이 아닙니다. 전통이 과거의 화석으로 굳어진 게 아닌 한, 역사는 전통이 취할 수 있을 뿐 아니라 실로 취해야만 하는 미래의 형태와 부상하고 있는 사람들에 대한 것이기도 합니다.

대림절 종말론

그리스도교 신앙의 종말론적 차원은 연약한 어린이로 온 그리스도의 초림을 기념하기 위해 준비하는 기간이 되어줄 뿐 아니라 교회에서 전례를 통해 영광과 심판 가운데 이루어질 그리스도의 재림을 손꼽아 기다리는 대림 시기 동안 특히 주목을 받습니다.

대림절은 그리스도의 '두 번째' 오심을 준비하는 시간입니다. 나는 어떤 종말론적 미래의 마지막 때가 아니라, 내일이나 다음 달 혹은 내년처럼 아주 가까운 역사적 미래에 실제로 있을 그리스도의 세 번째, 네 번째, 다섯 번째, 오십 번째, 그리고 백 번째 오심을 준비한다고도 말하고 싶습니다. 대림절은 뒤를 돌아보는 것만큼이나 앞을 바라봅니다. 대림절은 모두가 알고 있으며 사랑하는 복음서 이야기의 단순 반복보다는 새로움을 기대하는 시간입니다. 무엇보다도, 대림절은 우리가 아직 모르는 일이 다가오고 있음을 기대하고 흥분하며 경외하는 역동적 기간입니다. 아직 우리 가운데 나지 않은 그리스도, 우리에게 친숙하지 않고 이상한 그리스도, 즉 낯선 사람, 누구인지 알아볼 수 없는 사람, 인정받지 못하고 환영받지 못하는 사람, 등한시되고 소외된 사람으로서 언제나 새로운 형태로 찾아오는 그리스도 말입니다.

'알아볼 수 없는 그리스도the Christ incognito' 개념은 설득력 있는 성서적 주제입니다. 예수의 가르침은 한밤중에 갑자기 돌아오는 집 주인(마르 13:35)이나 처녀들이 잠들었을 때 나타나는 신랑(마태 25:1-13)처럼 기대를 벗어나 준비되지 않은 상태에서 오는 이에 관한 이야기로 가득 차 있습니다. 바울로는 최소한으로나마 때와 시기를 예상해보며 그리스도의 오심이 '밤중의 도둑' 같을 것이라고 말합니다(1데살 5:2). 기대를 벗어나는 것은 시간만이 아닙니다. 미래에 오는 그리스도의 형태도 이상하고 뜻밖입니다. 이는 특히 복음서의 부활 이야기에서 분명히 나타납니다.

이 이상한 이야기들에서 되풀이되는 주제는 제자들이 부활한 그리스도를 알아보지 못했다는 사실입니다. (예를 들면 루가 24:13-35, 요한 20:1-18, 요한 21:1-8) 나는 이것이 신학적으로 핵심적인 중요성을 지닌 주제라고 제안하고 싶습니다. 여기에는 죽은 것으로 믿었으나 그들 한가운데로 살아 돌아온 이를 만나기에는 준비가 되어 있지 않았던 사람들의 인식 부족 이상의 의미가 있습니다. 많은 부활 이야기에서는 부활한 그리스도가 역사적 예수가 지상에서 보여주었던 형태와는 다르고 낯설다는 점이 강력하게 암시됩니다. 그(녀)는 같았지만 같지 않았습니다. 그들은 그(녀)를 알아보는 데 실패하고 그(녀)에게 어떻게 반응해야 할지 모릅니다.

그리스도의 수난을 주제로 2008년에 제작된 BBC와 HBO의 TV 시리즈는 여러 에피소드에 등장하는 다른 배우들을 아주 짧게 여러 명 보여줌으로써 부활한 그리스도의 가변성을 암시하며 부활 이야기의 특징을 반영했습니다.[9]

이는 몹시 중요합니다. 부활한 그리스도는 역사적 예수와의 연속성 안에 있지만, 훨씬 더 광범위합니다. 역사적 예수는 팔레스타인에 사는 젊은(그의 외모가 어땠는지는 알 수 없지만) 유대인 남성이었지만, 부활한 그리스도는 그런 모습이 전혀 아니거나, 그 모든 모습인 동시에 그 이상입니다. 역사적 예수는 모든 인간의 육신을 향한 하느님의 친밀함을 긍정하며 구체적이고 완전히 고유한 한 인간의 몸으로 우리 가운데 거닐었지만, 부활한 그리스도는 성, 인종, 나이나 신체 형태 같은 특정성에 국한될 수 없습니다. 그리스도가 취할 형태는 새롭고, 낯설며, 인정받지 못하고, 체제 전복적일 것이며, 범위가 넓어질 것입니다. 백인뿐 아니라 흑인으로도 나타나는 그리스도는 유럽인으로 나타날 수 있는 것처럼 아프리카인, 아시아인, 폴리네시아인으로 나타날 수 있고 실로 나타날 것입니다(너무나 자주 우리는 예수를 백인으로 생각하고, 백인 그리스도상은 백인의 우월성을 강화했습니다).

그리스도는 노인(예수가 지상의 삶에서 한 번도 경험해보지 못한 어떤 것)으로, 시력을 잃은 채 정신건강 문제를 겪고 있는 장애인으로, 동성애자나 성전환자나 성 소수자로, 그리고 여성으로 나타날 수 있습니다. 그리스도가 모든 인간의 삶과 경험을 한 몸이 되게 하고, 자신의 육신을 취함으로써 인류를 '구원'한다면, 동시에 그리스도를 여성, 동성애자, 흑인, 시각장애인으로 상상하는 일이 가능해야만 합니다. 그럴 수 없다면 우리는 여성, 흑인, 동성애자, 그리고 장애인에게 세례를 베푸는 것도 중단해야 합니다 (물론 현재와 마찬가지로 역사에는 이 집단 중 일부가 교회의 친교에서 배제되고 하느님이 마련한 환대의 식탁에 다가오는 것이 거부되어온 시대가 있었습니다).

따라서 가장 특정하게는 대림절에, 뿐만 아니라 연중 어느 때든 간에, 우리는 그럼직한 자리와 그럼직하지 않은 자리에서 흑인과 백인, 어린이와 노인, 남성과 여성(그리고 성 소수자)으로 우리 가운데 태어나기를 계속하는 그리스도를 환영하도록 초청을 받습니다. 역사적 예수가 억압받고 멸시받는 사람들 가운데 (아무리 못해도 성적인 관계에서만큼은) 인습에 얽매이지 않았던 부모에게서 가난한 난민으로 태어났기에, 여성/그리스도는 가난한 사람들과 멸시받고 억압받는 사람들 가운데 살아가며 연약하고 보호받지 못하고 눈에 띄지 않는 사람으로 우리 가운데 태어나기를 계속합니다. 알고 보면 우리가 살아가는 시대에서는 여자아이가 그 사람일 가능성이 가장 큽니다.

우리 시대의 여자아이

예수의 시대와 우리가 살아가는 세계 모두에서 어린이, 특히 여자아이는 가장 근본적으로 힘없고 박탈당한 사람을 나타내는 가장 호소력 있는 상징으로 남아 있습니다. 전 지구적 환경에서, 여전히 여자아이는 낙태되거나 버려지기 일쑤고, 교육 기회와 건강 및 기본적 권리를 박탈당하며, 성적이고 물리적인 학대와 매매를 당하는 위험에 갇혀 있습니다. 이를 증명하는 통계가 넘쳐나고,[10] TV 화면에서는 세계 곳곳에서 벌어지는 연약한 여성과 여자아이에 관한 학대 사례를 매일같이 보여줍니다. 전쟁이 진행되는 동안 여성과 여자아이는 강간당하고 집에서 쫓겨나기 일쑤입니다. 소위 '평화'의 시기에 여성과 여자아이는 자신이 살아가는 집에서 가정 폭력, 영양실조 및 노예화의 위협을 가장 많이 받습니다.

이런 세계에서 여자아이로 오는 하느님을 찾고 갈망하는 것은 단순한 바람이 담긴 환상, 농담 또는 페미니스트의 변덕스러운 기분이 아니라 이 연약하고 작은 사람들을 해방하고 치유하려는 시급한 욕구입니다. 이것은 위험과 기쁨, 여성의 육신이 지닌 잠재력과 여성의 육신에 대한 엄청난 위협을 나누는 가운데 작은 사람들 및 가장 보잘것없는 사람과 자신을 동일시하는 하느님이 어린 여자아이로서 새로이 우리 가운데 찾아오도록 하는 울부짖음입니다.

앞서 언급했듯이, 신학에서 여자아이는 도외시되는 위치에 있습니다. 성서나 전통이나 현대신학에서 여자아이를 보기는 어렵습니다. 앤 필립스는 여자아이와 관련 있는 성서 본문을 검토하며 내용이 얼마나 빈약한지, 그리고 여자아이가 직접 나오는 곳에서조차 거의 언제나 이름이 불리지 않을뿐더러 사소한 존재로 무시되어온 방식을 실증했습니다.[11] 아주 최근까지 여성신학조차 여자아이를 무시했습니다. 여성의 정체성과 가치를 가부장제에서의 결혼과 모성에 한정한다는 비판 때문일 것입니다(마찬가지로 모성 또한 여성신학 내에서 도외시되어왔습니다).[12] 그리스도와 모세, 사무엘, 다윗 등 다른 중요한 남성 인물의 남자아이 시절을 담아내는 회화, 스테인드글라스와 여러 형태의 성상으로 훨씬 많이 상징되는 그리스도교 전통에서는 남자아이다움을 보기가 더 쉽습니다.

물론 그리스도교 전통에서 어린아이다움에 관한 도상학은 많은 경우 큰 문제가 있습니다. 남자아이로서의 그리스도상은 흔히 감상적으로 이상화되고, 남자아이를 비롯해 오늘날 어린이의 신앙생활을 생각해보는 데 도움이 되는 자원을 거의 제공하지 않습니다. 남자아이의 신앙생활을 숙고하고 교회생활 가운데 변화하고 있는 남자아이 및 남성의 필요와 재능에 관해 새롭게 부상하고 있는 남성성을 우리의 사고에 결부시켜야 할 필요가 시급하다는 데에는 의심의 여지가 없습니다.[13] 그러나 그리스도교 신앙 내에서 여자아이를 보지 못하는 정도와 전 지구적 환경에서 여자아이 시절에 겪는 위협과 위험이 훨씬 심각하기에, 이 글에서는 더 일반적으로 어린이를 다루기보다는 구체적으로 여자아이에 중점을 둡니다.

오고 있는 하느님에 관한 상징으로서의 여자아이

마르셀라 알트하우스-라이드Marcella Althaus-Reid(우리 시대의 가장 대담하고 독창적인 신학적 몽상가 중 한 사람)는 매우 암시적인 글을 통해 여자아이란 '적절한becoming 여인이 되어가고 있는 사람, 그리고 모든 것에 적절한 무언가가 되어가고 있는 사람'이라고 말했습니다.[14] 여자아이는 여자다움의 문턱 위에서 아슬아슬하게 균형을 잡고 있습니다. 즉, 중간에 끼인 상태, 의식의 한계 상태여서, 출생과 동시에 모든 인간 앞에 놓이게 되는 수많은 선택과 가능성을 구현하는 순수한 잠재력을 품고 있지만, 여성 어린이로서 짓눌려 상처 입기가 너무나도 쉽습니다. 여자아이의 발달에 관해 시행된 연구는 어린아이 시절 초기에 누리던 자유와 실험이 사춘기에 가깝게 자라나 성인으로서의 여성성에 대한 기대를 감당하게 되는 여자아이에게 있어서는 점점 더 부자연스러워지는 방식에 대해 상당히 일관된 실태를 그려냈습니다. 몇몇 연구는 여자아이가 사춘기에 다가가면서 그야말로 전적으로 자기 목소리를 상실하고 성인답게 자신의 의견만큼이나 스타일, 몸짓 및 행동거지를 '부드럽게 만들라'는 압력의 피해자가 된다고 말합니다(어린 여자아이는 뛰어다니고 나무에 오르고 소리 지르며 자유롭게 활보할 수 있지만 '아가씨'에게는 이런 처신이 기대되지 않습니다).[15]

특정한 방식으로 보이고 옷 입도록, 작고 날씬하게 세계에서 적은 공간을 차지하도록 어린 여성에게 가해지는 엄청난 압력은 학계에서의 자신감을 비롯해 여러 종류의 자신감 결여뿐만 아니라 거식증 및 여타 식이

장애로 나타날 수 있습니다.[16] 일부 여자아이는 사춘기에 가까워짐에 따라 자신과 동일시되지 않는 여성성의 개념에 순응할 것을 모두가 자기에게 기대하고 있다는 사실을 깨닫게 되면서 두렵고 불안하며 우울한 느낌을 경험합니다. 물론 남자아이도 남성성의 지배적 개념에 순응하도록 정말 상당한 사회적 압력을 받는 대상입니다. 그러나 여성성의 지배적 개념과 비교할 때 남성성의 지배적 개념에는 일반적으로 더 많은 힘과 권력이 포함돼 있습니다. 게다가 그러한 연구가 시행되지 않아온 세계 여러 지역에서 여자아이들의 삶은 심지어 다른 더 많은 위험에 노출되어 있습니다. 기본적인 인권(보금자리, 교육, 음식, 사생활 및 건강 등)이 기초에서부터 부정되고 있습니다. 되어가고자 자신 안에 품은 모든 것이 될 수 있는 여자아이들의 가능성, 즉 여자아이들의 인간다움이 만개하여 공동체와 세계에 새롭고 독창적인 방식으로 공헌할 가능성은 너무나도 다양한 방식으로 위협받고 훼손됩니다.

한 여자아이로 오시는 크리스타에 관한 상징은 몇 가지 서로 다른 층위에서 이 현실에 관해 이야기합니다. 먼저 여자아이들의 경험, 여자아이들의 투쟁 및 고난과 그리스도 안에 있는 하느님 사이의 동일시를 표현합니다. 하느님은 목숨을 위협하는 그런 고난에 무관심하지 않으며, 다만 그 안으로 친히 들어와서 여자아이들이 일상적으로 경험하는 삶에서의 위험과 위협이 하느님 자신의 육신과 존재가 되게 합니다.

둘째로, 한 여자아이로 오시는 크리스타에 관한 상징은 여자아이들의 생존을 위해 있는 하느님, 그리고 여자아이들의 구원 및 번성을 향해 주어진 하느님의 약속에 대한 갈망을 표현합니다. 레이철 스타Rachel Starr 는 최근에 생존으로서의 구원 모델을 논증했습니다. 생존으로서의 구원 모델이 속죄나 희생적 고난에 관한 폭력적 신학에 뿌리를 둔 기존의 많은 모델보다 더 진정성 있고 도움이 되는 구원 모델이라는 것입니다.[17] 한 여자아이로 와서 자신의 안녕에 대한 모든 위협을 견뎌내는 크리스타는 세계에서 자신의 생존과 번성을 위태롭게 하는 모든 것을 이겨내는 여자아이들의 능력에 관한 설득력 있는 상징입니다. 발산할 엄두도 내지 못하고 자신의 가능성을 낙태시키며 존재 자체를 부인하는 죽음의 권세에 맞서 여자아이들이 투쟁할 때, 우리를 위해 있는 하느님은 그들의 연약함과 잠재력을 통해 여자아이들과 함께 그리고 나란히 섭니다.

세 번째로, 한 여자아이로 오시는 크리스타에 관한 상징은 여자아이를 '오고 있는be-coming' 하느님에 관한 상징으로 긍정합니다. 우리의 하느님상과 하느님 모델은 신학적으로만이 아니라 심리학적 층위와 사회학적 층위 모두에서도 크게 기능하며, 인간 본성에 대해 우리가 믿는 바를 빚어냅니다. 메리 데일리Mary Daly는 수십 년 전 "하느님이 남성이라면, 남성은 하느님이다"[18]라고 말했습니다. 역으로, 하느님이 결코 여성 용어로 상징되지 않는다면, 여성과 여자아이들은 자신이 하느님의 모습대로 만들어졌음을 알지 못합니다. 따라서 한 여자아이로서의 크리스타에 관한 상징은 세계에서 현존하고 일하는 하느님을 여자아이들이 성육신시키고 나타낼 수 있는 방식을 아주 설득력 있게 증명합니다.

그래서 무엇을 할 것인가?

어린 여자아이들이 우리 한가운데로 오는 여성/그리스도를 나타내고 상
징화할 수 있다는 개념을 진지하게 받아들이는 것은 무엇을 의미할까요?
그것은 예배, 신학 및 교회생활에서 더 보편적으로 여자아이들의 재능과
경험을 진지하게 받아들이는 것을 뜻합니다. 여자아이들에게 진지하게
귀를 기울여 그들을 '미래 교회'로서만이 아니라 현재 교회로도 여기는
것을, 여자아이들에게서 배우고 받기를 기대하며 우리 자신을 그들을 가
르치고 양육하는 사람으로만 보지 않을 것을 의미합니다. 교회생활 가운
데 여자아이들이 온전히 보일 수 있도록 헌신하고 여자아이들의 가능성
을 긍정하고 단언하는 성서 본문과 이야기, 여자아이상을 찾아낼 것을
의미하며,[19] 우리 사회와 세계에서 여자아이들에게 가해지고 있는 위험
과 위협을 진지하게 받아들이고 그리스도교 예배와 가르침을 통해 이러
한 현실을 고발할 용기를 가질 것을, 그리고 보편적으로 자녀들뿐만 아니
라 여자아이들을 우리와 함께 배워나가는 제자로 여기는 동시에 우리를
가르쳐줄 신학자로 대할 것을 의미합니다. 우리가 부름을 받은 모습대로
되어가는 평생의 과정 동안 말입니다.

그것은 여성/그리스도가 다시 새롭게 우리를 찾아오는 무수한 방식
을 적극적으로 찾으면서 여성의 언어, 심상 및 상징으로 하느님께 기도하

기를 뜻할 것입니다. 그러므로 나는 이 글을 그러한 한 가지 기도로 끝맺습니다. 대림 시기에, 혹은 실로 연중 어느 때든 간에 이렇게 기도해보도록 권합니다.

크리스타, 우리의 자매님,

모든 어린 여자아이들이 자라나며 겪는 위험과 기쁨을 맛보시며,

우리가 피 흘리는 대로 피 흘리시며,

우리가 사랑하는 대로 사랑하시며,

우리의 여자다운 힘을 세계 가운데

구원하시는 하느님의 현존으로 주장하기를 배우시며

여성의 육신으로 우리에게 오소서.[20]

미주

1 크리스타 개념에 관한 훨씬 더 전면적인 탐구를 위해서는 나의 책 *Seeking the Risen Christa*
   (London: SPCK, 2011)를 보라.

2 이 글에서, 나는 용어 '크리스타'를 여성 그리스도 형태를 가리키기 위해 사용할 것이다. 반면 '여
   성/그리스도 Christ/a'는 그리스도의 남성과 여성 (그리고 애매한 젠더) 형태 모두를 통합하려는
   시도이다.

3 Anne Phillips, *The Faith of Girls: Children's Spirituality and Transition to Adulthood*
   (Farnham: Ashgate, 2011)는 여자아이들의 신앙 연구에 있어 새 지평을 연 획기적 문헌이다.
   여자아이다움을 다루는 신학적 연구가 지닌 중요성을 점점 더 자각해나가는 나의 과정은 앤에게
   크게 빚지고 있다. 이 글의 내용 중 대부분은 앤의 작업에 직접적으로 의존한다. Dori Grinenko
   Baker, *Doing Girlfriend Theology: God-Talk with Young Women* (Cleveland: Pilgrim
   Press, 2005)과 Joyce A. Mercer, *Girl Talk, God Talk: Why Faith Matters to Adolescent
   Girls – and Their Parents* (San Francisco: Jossey Bass, 2008)도 보라.

4 'It's a girl', in Gavin D'Costa, Eleanor Nesbitt, Mark Pryce, Ruth Shelton and Nicola
   Slee, *Making Nothing Happen: Five Poets Explore Faith and Spirituality* (Farnham:
   Ashgate, 2014): 38.

5 'Come as a girl', in Nicola Slee, Seeking the Risen Christa: 33.

6 Janet Martin Soskice, *The Kindness of God: Metaphor, Gender, and Religious Lan-
   guage* (Oxford: Oxford University Press, 2008): 85.

7 *Summa Theologiae* 3a, 31, 4 (London: Eyre & Spottiswoode, 1964).

8   In *Children's Letters to God*, edited by Stuart Hemple and Eric Marshall (London: HarperCollins, 1976), "사랑하는 하느님, 남자애들이 여자애들보다 낫나요? 당신께서 한 분이시라는 걸 알지만, 공정해지려고 노력해보세요"로 시작하는 실비아의 편지.

9   'The Passion', by Frank Deasy, directed by Michael Offer, BBC Productions and HBO Films, 2008년 3월 BBC1에서 첫 방송.

10 예를 들면, 다음을 보라. http://www.unwomen.org/en/news/in-focus/commission-on-the-status-ofwomen-2012/facts-and-figures 및 http://www.worldbank.org/en/topic/gender/overview. 2018년 1월 5일 최종 접속.

11 Phillips, *The Faith of Girls*, 1-3, 73-4, 163-5를 보라.

12 하나의 중요한 예외는 Bonnie J. Miller-McLamure, *Also a Mother: Work and Family as Theological Dilemma* (Nashville: Abingdon, 1994)이다.

13 예를 들면, Mark Pryce, *Finding a Voice: Men, Women and the Community of the Church* (London: SCM, 1996); David Anderson, Paul Hill & Roland Martinson, *Coming of Age: Exploring the Identity and Spirituality of Younger Men* (Minneapolis, MN: Augsberg Fortress, 2006)을 보라.

14 Marcella Altaus-Reid, 'The Bi/girl Writings: From Feminist Theology to Queer Theologies', in Post-Christian Feminisms: A Critical Approach (Aldershot: Ashgate, 2008): 112.

15 종합적 검토와 관련 연구 논의를 위해서는 Phillips, *The Faith of Girls*, chapter 2를 보라.

16 Lisa Isherwood, *The Fat Jesus: Feminist Explorations in Boundaries and Transgres-*

sions (London: Darton, Longman & Todd, 2008)는 특히 미국에서 복음주의 종교가 지지하는, 어린 여자아이들을 겨냥한 다이어트 산업에 대한 강력한 비판을 제공한다.

17 Rachel Starr, *Reimagining Theologies of Marriage in Contexts of Domestic Violence: When Salvation is Survival* (London: Routledge, forthcoming).

18 Mary Daly, *Beyond God the Father: Towards a Philosophy of Women's Liberation* (London: Women's Press, 1986, 2nd edition): 19.

19 이는 쉽지 않다. 이미 언급하였듯, 성서에는 여자아이에 관한 이야기가 거의 없으며 여자아이가 언급된다고 할지라도 이름이 없거나 남성 세계에서의 수동적 대상인 경우가 허다하다. 그러나 앤 필립스는 호세아와 고멜의 딸 로루하마(호세 1:6,8), 열왕기하 5장에 등장하는 나아만의 (이름 없는) 어린 하녀, 슬로브핫의 딸들(민수 27), 야이로의 딸(마르 5:21–43 및 병행 구절), 어린 여종 로데(사도 12:13–15) 및 임신하게 되었을 때 십대를 가까스로 넘겼을 가능성이 큰 예수의 어머니 마리아를 비롯한 몇 가지 가능성을 강조한다. (마리아의 어린 시절에 대한 유용한 설명을 찾아보기 위해서는 Elizabeth Johnson, *Truly Our Sister: A Theology of Mary in the Communion of Saints* [New York: Continuum, 2003], part 4를 보라).

20 Nicola Slee, *Seeking the Risen Christa*: 148.

역사적 예수는 모든 인간의 육신을 향한

하느님의 친밀함을 긍정하며

구체적이고 완전히 고유한 한 인간의 몸으로

우리 가운데 거닐었지만,

부활한 그리스도는 성, 인종, 나이나 신체 형태 같은 특정성에

국한될 수 없습니다.

그리스도가 취할 형태는

새롭고 낯설며 인정받지 못하고

체제전복적일 것이며 범위가 넓어질 것입니다.

– 니콜라 슬리

영감을 주기 위해 과거로부터 배우기

존 드레인

지난 15년간, 나는 잉글랜드 성공회와 영국 및 아일랜드 출신 사람들의 모임인 MTAG(선교신학자문모임)the Mission Theology Advisory Group의 공동 의장이었습니다. 이 자문모임은 다양한 교회 배경과 폭넓은 신학적 배경을 지닌 열세 명의 구성원이 선교를 향한 공통된 열정으로 연합해 만들어진 것입니다.

나는 MTAG가 제도적 구조에 속해 있어서 '국교 체제'의 일부이긴 하지만, 위원회보다는 공동체에 가깝다고 자주 말했습니다. 내가 그렇게 오랫동안 MTAG에 머무를 수 있었던 주된 이유 중 하나가 그 점이라는 사실은 비밀도 아니지요. 공동체에서 이루어지는 신학은 대단히 합당한 경험일 뿐만 아니라 선교적인 존재 방식을 빚어내는 것이기도 합니다.

과거: 마르틴 루터와 95개 논제

2016년 가을에 우리는 어떤 창의적인 일을 통해 2017년 10월 31일에 있을 마르틴 루터의 95개 논제(또는 반박문) 공표 500주년 기념일을 축하할 수 있을지 논의했습니다.

루터는 엘베 강 유역에 있는 작은 독일 마을인 비텐베르크의 도덕신학 교수였습니다. 이야기는 그가 모든 성인의 교회All Saints Church로 알려지기도 한 성 교회Schlosskirche의 문에 못을 박아 자신의 반박문을 붙였다는 것으로 이어집니다.

오늘날 교회를 관리하는 사람들은 루터가 틀림없이 그랬다고 믿지만, 그가 실제로 그렇게 반박문을 게재했는지에 대해 학계는 다소 의견이 나누어져 있습니다. 대학에서 나온 게시문을 마을 교회의 문에 붙이는 것이 당시의 일반적인 관행이었기 때문에 이야기는 사실일 가능성이 더 큽니다. 다른 반박문을 게재했다는 증거를 기준으로 판단한다면, 루터가 1517년 11월 초 몇 주의 기간에 걸쳐 여러 교회 문에 자신의 문서를 못 박아 붙였다고 보는 것도 무리는 아닙니다.

루터의 95개 논제는 물론 그가 살던 시대에 중요했던 문제들에 관한 것이며, 당시에는 논제들을 두고 이론이 분분했지만, 95개 논제 중 일부는 이제 그리스도교 신념에 관한 자명한 진술로 여겨집니다. 다른 논제들은 거의 불가사의한 것이 되었지만 말이지요.[1] 다음과 같이 주장하는 첫 번째 논제는 우리의 관점에서 논쟁의 여지가 거의 없는 것으로 보입니다. "우리의 주요, 선생이신 예수 그리스도께서 '회개하라' 명령하셨을 때, 그 뜻은 신자의 모든 삶이 돌아서는 것이다."

그러나 논제 중 많은 부분은 중세 로마 교회에서 널리 퍼져 있던 특정 관행들을 강도 높게 비판하는 것이었습니다. 가장 명백했던 관행은 헌납자 본인이나 지명된 사람이 자기 죄에 대한 형벌을 면할 수 있게 된다거나, 적어도 죽은 뒤 연옥에서 보내야만 할 기간을 줄여준다는 자비의 행동으로 교회에 현금을 내도록 만든 면죄부 판매였습니다. 실질적인 면에서 이는 관련된 모든 이가 서로 이득을 보는 상황이었습니다. 교회는 막대한 거액을 조달할 수 있었고 신실한 사람은 천국에 들어가는 입장권을 받을 수 있었습니다.

루터는 이 모든 것과 그 이상에 도전했습니다. 모두가 알다시피, 나머지는 역사가 말해줍니다. 그의 95개 논제는 매우 다양한 형태로 출간되어 유럽 전역에 배포되었습니다. 그것은 다양한 발로를 통해 문화적이고도 종교적인 영향력을 촉발하여 지금 우리가 알고 있는 프로테스탄트 종교개혁으로 이어졌습니다.

현재: 21세기를 위한 선교적 질문

필리스 티클Phyllis Tickle은 중요한 문화적 격변이 일어나는 약 500년 주기의 역사적 패턴을 관찰했습니다.[2] 이 현상에 대한 설명은 다양할 수 있지만, 현실을 부정하기는 어렵습니다. MTAG의 토론에서 되풀이되는 주제 가운데 하나는 16세기의 격동이 우리가 살아가는 이 시대의 문화적이고 영적인 혼란과 똑같았다는 것입니다. STREAM은 영성Spirituality, 신학Theology, 화해Reconciliation, 복음주의Evangelism와 선교and Mission라는 단어를 나타내며 우리가 관심을 가지는 다양한 측면을 설명하기 위해 사용하는 첫머리 글자 약어입니다.

첫 번째 것인 영성은 의미심장하게도 자신을 '영적이지만 종교적이지는 않은' 사람으로 설명하는 적지 않은 인구와 교류하면서 주요 관심사가 되었습니다. '영적이지만 종교적이지는 않음'은 마음을 챙기는 것과 명상에서부터 여러 가지 종류의 새로운 종교적 운동에 대한 본격적인 헌신에 이르기까지 모든 것을 다룰 수 있는 용어입니다.

삶에 의미와 목적을 주는 것이라면 무엇이든 기념하고자 하는 기저의 관심사를 '무신론자 교회'라는 대중적인 미디어상으로 감추고 있는 선데이 어셈블리the Sunday Assembly에 대한 참여도 어쩌면 포함될 것입니다. 그런 관심사는 어떤 의미에서든지 정당하게 '영적'인 것으로 고려될 수 있기 때문입니다.[3]

10년 전 우리는 21세기에게 우리가 어떤 미안한 것들이 있을지 자문해보며 '이해할 수 있는 신앙Sense making Faith'이라는 제목으로 자료를 엮었습니다. 기억에 따르면, 첫 번째 질문은 우리가 그리스도인으로서 지구상의 다른 모든 이들과 공유하는, 반박될 수 없는 공통점이 무엇인지 묻는 것이었습니다.

대답은 물질적인 육체를 가지고 있다는 점으로 밝혀졌으며, 그래서 우리는 오감(시각, 촉각, 후각, 청각, 미각)의 렌즈를 통해 보이는 그리스도교 신앙이 어떤 모습일지 탐구했습니다. 거기에 오감을 움직이게 하는 여섯 번째 감각으로서 상상력을 더했습니다.[4]

우리는 만남을 통해 이 모든 것을 탐구하면서 큰 재미를 느꼈고, 초창기 자료와 함께 많은 자료를 공유하기 위한 수단으로서 웹사이트 www.spiritualjourneys.org.uk를 개설하게 되었습니다. 우리는 문화의 영성을 이해하기 위한 통찰을 계속 제공했습니다. 가장 최근에는 2017년 6월 아리아나 그란데의 콘서트에 가해진 폭탄 공격에 대한 후속 조치로 마련된

〈원 러브 맨체스터One Love Manchester〉콘서트에서 펼쳐진 사회적 전례의 본성에 관한 성찰을 제시했습니다.[5]

과거의 짐

마르틴 루터를 이러한 현대적 관심사에 결부시키는 것은 결코 도전 없이 이루어지지 않습니다. 그는 복잡한 사람이었습니다. 그가 개인적으로 남긴 것들은 수 세기에 걸쳐 많은 물음을 자아냈습니다. 그의 영적 고뇌는 매우 현실적이었습니다. 중세 교회에 대한 그의 관심은 피상적인 것 이상이었습니다. 그는 본인의 영적 지도자들에게 개인적인 배신감을 느꼈습니다. 마치 그를 제자리에 있게 하려고 그들이 복음의 참된 본성을 의도적으로 숨기기라도 했던 것처럼 말입니다.

로마인들에게 보낸 편지를 읽으며 하느님의 무조건적 사랑에 대한 메시지가 살아 움직이게 되었을 때, 아니나 다를까 그는 인생을 바꿀만한 자기 자신의 깨달음을, 그에 상응하는 중심축 역할을 성 바울로의 삶에서 수행했던 사건과 직관적으로 비교했습니다. 다마스쿠스로 가는 길에 부활하신 그리스도와 만난 사건(사도9:1-19) 말이지요. 루터는 자신의 끝에 있었습니다.

그는 자살 충동을 느끼게 하는 절망의 끄트머리에서 의심에 압도당했습니다. 성 바울로가 똑같이 느꼈어야만 했다고 결론 내리는 것이 그에게는 자연스러웠습니다.

루터는 교회의 교리에 압도당했고 그것의 요구사항들에 전혀 부응하지 못하는 자기 자신의 무능함에 실망했습니다. 그래서 그는 성 바울로의 경험 역시 당연히 교회에 의한 것이 아니라 유대교에 의한 것이어야만 했다고 상정했습니다.

그 결과, 유대교를 율법에 기반한 억압적 체계로 표상하는 무비판적 이야기가 등장했습니다. 유대교는 추종자에게 불가능한 것을 요구하며 필연적으로 정신적이고 영적인 붕괴에 이르게 된다는 것입니다. 물론 사실상 이것은 유대교뿐만 아니라 성 바울로의 회심 또한 희화한 것이었습니다.

그는 다마스쿠스로 가는 길을 여행하는 동안 좌절하고 압도당하는 일이 전혀 없었으며, 실제로는 영적으로 도취해 있었습니다. 자신이 수행하고 있는 것이 하느님의 뜻임을 완전히 확신하면서 말입니다. 그를 갑자기 멈춰 세운 것은 제도적으로 유발된 불행에서의 구제가 아니었습니다. 그는 광범위한 히브리 성서 연구에 근거하여, 자신이 순종의 가장 좋은 전형이라고 믿었던 것이 실제로는 정반대의 것임을 깨달았습니다. 바울로의 삶에서 전향점으로 이어진 것은 죄악스러운 무능감이 아니라 극적인 신적 개입이었습니다. 다른 이유와 다른 환경 조건에서였겠지만 루터도 신적 개입을 어떤 식으로든 경험했겠지요.

어쨌든 루터가 벌인 중세 교회의 잘못과 유대교 사이의 간편한 동일시는 도전받지 않았고 의심의 여지가 없었습니다. 당대 유럽 문화에 만연

해 있던 반유대 정서와 일치했기 때문입니다. 유대인에 대한 적개심을 열어젖히는 것은 그러한 동일시에서 조금만 나아가면 되는 일이었습니다. 반유대주의 선전가로 부상한 루터 자신은 그런 식으로 박제되어 수 세기 후 나치 운동에 정당성을 부여하기까지 했습니다.[6] 그는 또한 성서 정경에 다소 무신경한 태도를 보였습니다. 야고보의 편지를 '지푸라기 서신'으로 일축한 것은 유명합니다. 바울로의 가르침에 반하는 것으로 인식했기 때문입니다.

결국, 그는 2세기의 이단 마르키온과 그다지 다르지 않은 처지에 처하게 되었습니다. '정경 안의 정경' 개념을 통해 제도적 구조를 장려하는 것으로 인식되는 말씀은 무엇이든 로마 교회에 지나치게 가까운 것으로 여겨졌고, 따라서 완전히 제거될 수 없다면 격하되어야만 했습니다. 그 가운데 맨 앞에는 루가의 작품들이 자리해 있었고, 디모테오에게 보낸 첫째 편지와 둘째 편지, 디도에게 보낸 편지, 에페소인들에게 보낸 편지, 그리고 한두 가지의 다른 사소한 글들이 그러했습니다. 구약성서도 마찬가지였습니다.[7] 20세기 후반까지 이러한 접근방식은 많은 성서학자에게 영향을 미쳤습니다.

다시 상상하기: 과거-현재-미래

이 유산이 잠재적으로 문제가 될 수 있다는 사실을 충분히 알고 있었기 때문에 MTAG 구성원들은 이 중요한 기념일을 축하하기에 좋은 방식, 과거의 부적절성을 알리면서도 복음의 종말론적 핵심을 인식하고 과거의 오류에 머무르기보다는 변혁과 용서의 새로운 미래로 우리를 초대해줄 방식을 찾아보기 시작했습니다. 우리가 선교에 관한 신학적 두뇌집단으로 존재한다는 점을 고려할 때, 21세기를 위한 선교적인 95개 논제를 만들자는 생각은 분명 가야만 할 길로 보였습니다. 좋은 생각일지라도 생각을 품는 것만으로는 성공을 보장하지 못합니다. 이내 이 작업을 해내기 위해서는 어느 정도의 독창성과 상상력이 필요하다는 사실을 깨달았습니다.

실용성에 관해 결정하기는 아주 쉬웠습니다. 소셜 미디어에 이 모든 것을 공유할 것이었으므로 트위터의 글자 수 제한(한 번에 140자)이 각 논제가 얼마나 길어질 수 있는지를 결정했습니다. 우리는 모든 논제를 "…한 교회를 우리는 믿습니다"라는 진술로 마치자는 데 동의했습니다. 또 논제 하나마다 성서 구절과 그림이 딸려 있기를 바랐습니다. 모든 것이 아주 간단했습니다.

95개 논제 각각이 완전히 서로 다른 것을 말하게 만들기가 훨씬 어려웠습니다. 약 서른 개 정도의 논제에 도달했을 때 나는 이 일이 정말 가능할지 의심하기 시작했습니다.

선교의 다섯 가지 특징에 따라 95개 논제를 구성하기로 했을 때 전환점이 찾아왔습니다.[8] 그것은 구조를 제공했을 뿐 아니라 선교를 바라봄에 있어 이미 전 세계 교회에서 널리 받아들여진 방식을 긍정하고 확장

한다는 것을 의미했습니다.

우리는 실제 기념일인 10월 31일이 되기 95일 전부터 하루에 하나씩 선교적인 논제 공유를 시작하기로 했습니다. 사람들의 관심을 유지하기 위해 올리는 순서는 무작위로 정했습니다. 2017년 7월 28일의 첫 논제는 다음과 같았습니다. "세계에 '하느님은 사랑이시다'(1요한4:8)라고 말하는 교회를 우리는 믿습니다."

어떤 일이 일어날지 아무도 예상할 수 없었지만, 10월 말에 이르렀을 때는 소셜 미디어 곳곳에서 다양한 토론이 벌어졌습니다. 사람들이 다양한 방식으로 리트윗하고 공유하여 저마다의 대화를 시작함에 따라 많은 논제가 최초의 게시물을 넘어 퍼져나갔습니다.[9]

우리가 직접 올린 게시물과 우리를 팔로우한 사람들의 게시물에 더해, 뒤범벅교회는 어린이를 위해 특별히 재작업한 자신들만의 판본을 출간했습니다. 종교개혁 500주년 기념일과 관련된 다양한 웹사이트에서도 특집으로 다루어졌습니다. 많은 지역 교회가 다양한 형태로 선교적인 95개 논제를 이용할 수 있도록 했고, 어떤 곳에서는 공부 모임의 기초자료로 사용했습니다. 적어도 하나의 성공회 교구(버밍엄)가 성직자 연구 기간에 선교적인 95개 논제를 채택했고, 여러 주교좌성당이 다양한 형태로 논제들을 전시했습니다.

선교신학자문모임의 관점에서 이 모험적 시도는 매우 성공적이었습니다. 논제의 문구를 다듬어가는 과정에서 우리 자신의 창의성을 펼쳤을 뿐만 아니라 보다 많은 교회에서 우리가 노출되는 것도 상당히 증가시킬 수 있었기 때문입니다. 페이스북에서의 반응은 특히 주목할 만한데, 45개국에서 대화가 이루어졌으며 비그리스도인도 상당수 대화에 참여했습니다.[10]

이 논제들이 받아들여지고 논의된 방식에 대한 자세한 분석은 여기에 상세히 보고하기에는 너무 광범위합니다. 그러나 페이스북과 트위터 모두를 보면 식별되는 한 가지 패턴이 있습니다. 이 패턴은 그 안에서 우리가 자신을 발견하게 되는 어떠한 선교적 맥락을 거의 틀림없이 드러냅니다.

트위터에서 가장 많이 언급된 논제는 "자신의 성공보다 하느님이신 신비에 더 관심을 가지는(히브2:1-11) 교회를 우리는 믿습니다"였습니다. 페이스북에서 가장 많이 언급된 두 논제는 "바른 대답을 강요하기보다 바른 질문을 하는 데 더 관심을 가지는(잠언5:1-4) 교회를 우리는 믿습니다"와 "자신을 비웃을 수 있고 자신의 어리석음에서 배우는, 재미가 핵심적인 영적 훈련인(즈가8:4-5) 교회를 우리는 믿습니다"였습니다.[11]

놀랄 것도 없이, 트위터(팔로워가 압도적으로 성직자 및 기독교인인 미디어) 사용자들은 "자기 지도자를 돌보고 먹이며 사랑하는(히브13:17-20) 교회를 우리는 믿습니다"라는 논제의 진가를 알아보았을 뿐만 아니라 선교적 태도에 있어 동반자 관계, 다른 발언에 대한 경청 및 겸손의 의식을 강조했습니다.

그들은 죄, 회개, 실패 또는 관계 그리고 (놀랍게도!) 예수를 언급한 논제들을 사용하는 일에는 최소한의 관심을 보여주었습니다. 페이스북(훨씬 폭넓은 국제적 집단) 응답자들은 질문하기, 즐거움, 탐구, 경계 넘기, 창의성 및 사랑을 강조한 논제들을 이용했고 개인적 책임, 사회적 행동 및 타인 돌봄에 대해서는 최소한의 관심을 가졌습니다.

도전과 기회

이 글은 기념일로부터 정확히 한 달 후에 쓴 것이며 따라서 앞으로 더 많은 생각이 고려되어야만 합니다. 한 가지 분명한 것은 커뮤니케이션 스타일과 관련이 있습니다. 교회 내에서뿐 아니라 더 넓은 세계에 그리스도교 메시지를 나누는 일에 있어 소셜 미디어가 중요한 구실을 한다는 것은 당연한 사실입니다. 모든 논제는 실질적인 설명을 제공할 수 있었고, 오직 140자로 논제를 압축하려 시도하는 것은 당시에는 불만스러웠지만, 그 자체로 좋은 훈련이었으며 논제의 간단명료한 특성으로 인해 그렇지 않은 경우보다 더 많은 사람이 더 쉽게 이용할 수 있었습니다. 다른 사람이 관계할 수 있는 간단한 방식으로 우리 자신을 설명하는 방법에 대한 어떤 배움이 여기에 있습니다.

그 외에도 이 논제들이 받아들여지고 논의된 방식은 우리에게 더 넓은 문화에 대해 무언가를 말해줍니다. 가장 많이 언급된 논제 중 하나가 '하느님이신 신비'에 초점을 맞추고 있다는 사실은 의미심장했습니다. 우리는 우리 자신에 관한 이야기를 우리 자신에게 말하는 데 너무 많은 시간을 사용하고 있지는 않습니까? 실제로는 아직 신앙의 백성이 아닌 이들에게 하느님에 관해 말하고 있어야 할 순간에 말이지요. 질문을 던지기는 쉽지만, 진정으로 중요한 것에 집중하도록 우리 자신을 훈련하기는 어렵습니다. 그러나 때로는 오로지 물질주의적으로만 보일 수도 있는 문화 안에 신비에 대한 갈구가 있습니다. 그러한 갈구는 음모론, 좀비, 신흥 영성 활동의 측면에서 표현되거나 개인적 치유 및 사회적 변혁 추구로 나타납니다.

이 배움은 우리 자신의 대답을 강요하기보다 바른 질문을 해야 할 필요성을 받아들이는 수준에 의해 강화됩니다. 지금의 문화적 변화는 너무 빠르고 예측할 수 없지 않나요? 그래서 바른 질문을 하고, 그 물음을 다른 이들에게 간단한 방식으로 분명히 표현하고, 그 모든 것을 이해하려 애쓰는 사람들과 나란히 걷는 방법을 알아가는 게 우리의 소명이 되지 않나요? '자신을 비웃을 수 있고 자신의 어리석음에서 배우는, 재미가 핵심적인 영적 훈련인 교회'에 대한 열광에 저 또한 충격을 받았습니다.

이는 네바다의 주교였던 웨슬리 프렌스도르프Wesley Frensdorff의 꿈을 상기시켰습니다. 그는 재미를 핵심적인 영적 훈련으로 강조했을 뿐만 아니라 다음과 같이 (어떤 이들에게는 너무 급진적으로 들리는) 결론을 내렸습니다. "사랑이라는 어리석은 짓을 포함해 자신과 서로의 모든 어리석은 짓을 알아보도록 부름을 받아 자기 자신에 대해서는 전혀 신경을 쓰지 않되 소명과 선교에 대해서는 너무나 진지해서, 예배에서, 사역에서, 심지어는 갈등 가운데서도 우리의 광대 구원자Clown Redeemer와 함께 춤추며 노래하고 웃으며 울 수 있는 사람들을 꿈꾸도록 합시다."[12]

예수에 대해 많은 사람이 얼빠진 이미지를 가지고 있어서 우리가 희망했던 선교방식에 그분이 참여하지 못했다고 말할 수 있을까요? 많은 사람이 그분에 관해 아는 내용은 할리우드 영화나 스테인드글라스 창문 속 묘사가 전부입니다. 이것을 한참 뛰어넘는 방식으로 이야기하는 법을 배워야 하지 않을까요?

상황을 제대로 인식하게 해주는 한 가지는 성서 인용을 포함하는 것이었습니다. 이는 의도적이지 않지만, 그리스도인 사이에서조차 전반적인 성서 지식이 부족하다는 것을 강조했습니다. "나는 이전까지 한 번도 잠언을 펼쳐본 적이 없었어요. 이 책 정말 놀랍네요"라는 내용이 전형적이었습니다. 성서에서 잠언이 상대적으로 간단한 부분 중 하나라는 점을 고려하면, 그것은 실태를 드러내는 진술이었습니다. 특별한 일이 결코 아니었습니다.

의도적으로 애가나 신명기 같은 책에서, 성서에 나올 리가 없다고 여겨지기 쉬운 구절을 포함하기로 선택했지만, 성서 지식의 부족함은 분명 그리스도인 사이에서조차 깊게 퍼져 있습니다. 어떻게 성서의 메시지를 오늘날 사람들의 관심사에 연결할 수 있을까요?

한 신학생 모임에서 선교적인 95개 논제 모두에 관해 질문하는 과정에서 나온 한 의견은 이와 무관하지 않은 물음이었습니다. "이런 것들에 대해서는 왜 이야기하지 않는 건가요?" 신학을 교육하는 사람들이 논의하는 것들의 뻔한 종류에 대해, 그리고 (더 넓은 문화는 고사하고) 교회 안에서의 사역을 위해 사람들을 준비시키는 방식에 대해 의문을 제기하는 것이었습니다.

"얼마나 많은 천사가 핀 대가리 위에서 춤출 수 있을까?"와 흡사한 질문들에 우리가 지나치게 많은 시간을 할애하고 있지는 않은지 생각해 봅니다. 그 결과 적어도 더 넓은 문화 속에서의 선교와 관련해 우리 자신을 발견할 수 있을지 궁금합니다. 우리는 안데르센의 「벌거벗은 임금님」 이야기에 나오는 왕 같은 모습이지 않을까요?

이 대목에서 언급할 수 있는 대화는 수천 가지가 넘지만, 되풀이되는 이 한 가지 주제만은 언급할 가치가 있습니다. 우리가 이 작업을 왜 했는지, 그리고 우리 자신은 논제들을 스스로 어떻게 해석했는지 사람들이 물어볼 때 이것은 수면 위로 나타납니다. 간단히 말해서, 우리는 있는 그대로의 교회를 경험적으로 묘사한 것일까요? 아니면 염원을 담아 마땅히 되어야 할 모습의 교회를 묘사한 것일까요? 이 물음은 나에게는 놀라운 일이 아니었습니다. 내가 매일같이 견뎌내는 긴장감이 바로 그 물음 자체입니다.

많은 사람이 그럴 테지만, 누군가 이렇게 말할 때 나 또한 버둥댑니다. "이런 교회에 소속되는 건 정말 너무 좋지만, 그 어떤 교회도 이와 같지 않기에 전 떠나야만 했어요." 내가 관여한 적이 있는 사목 현장에서 만났던 한 여성이 기억납니다. 그녀는 예수를 너무나도 따르고 싶지만 "교회랑 엮이지 않아도 제 인생에는 이미 문제가 충분해요"라고 말했습니다. 이것은 아마도 우리 모두에게 가장 큰 선교적 도전일 것입니다.

우리는 완전히 한 바퀴를 돌아 다시 마르틴 루터에게 갑니다. 교회가 교회 자신이 되는 데 실패하고 결국 자신의 핵심 가치를 부인하기에 이르렀다는 데에 그의 근본적인 불만이 있었기 때문이지요.

미주

1   루터의 논제는 다음에서 찾을 수 있다. http://www.luther.de/en/95thesen.html

2   *The Great Emergence: how Christianity is changing and why* (Grand Rapids: Baker
    Academic 2008)

3   https://www.sundayassembly.com/

4   Anne Richards (ed), *Sense making Faith: body, spirit, journey* (London: CTBI 2007)

5   https://youtu.be/PD2c-2FMGqQ

6   1543년에 루터는 『유대인과 그들의 거짓말에 관하여』라는 제목으로 상당한 양의 책을 출간했다.
    그 책은 히틀러의 뉘른베르크 집회에서 중요한 구실을 했고 나치 부역자들에게 배포되었다. 전
    세계의 루터교회는 그의 유산에 담긴 이러한 측면에 자신들이 관련이 없음을 최근 들어 더욱 분
    명히 했다.

7   "한마디로, 성 요한의 복음서와 그분의 첫째 편지, 성 바울로의 서신, 특히 로마인들에게 보낸 편
    지, 갈라디아인들에게 보낸 편지, 에페소인들에게 보낸 편지, 그리고 성 베드로의 첫째 편지는 그
    리스도를 보여주며, 다른 어떤 책이나 교리를 전혀 보거나 듣지 못했어도 구원받는 데 필수적이
    고 도움이 되는 모든 것을 알 수 있도록 가르쳐주는 책들이다. 성 야고보의 편지는 다른 책과 비
    교하면 실로 지푸라기 서신이다. 복음이 전하고자 하는 본성에 관한 어떠한 내용도 없기 때문이
    다." Luther's *Works*, vol. 35, *Word and Sacrament I* (Philadelphia: Fortress Press 1960),
    395-97을 보라.

8   (1) 하느님의 나라에 관한 기쁜 소식 선포하기, (2) 새로운 신자를 가르치고 세례 주며 양육하기,
    (3) 사랑의 봉사로 인간의 필요에 응답하기, (4) 정의롭지 않은 사회 구조를 변혁하고 모든 종류의

폭력에 도전하며 평화와 화해 추구하기, (5) 창조의 온전함을 보호하고 지상의 생명을 지탱하고 새롭게 하려고 애쓰기. 다섯 가지 특징에 관해 더 알아보기 위해서는 다음을 참고하라. https://www.anglicancommunion.org/mission/marks-of-mission.aspx

9   선교적인 95개 논제의 전체 목록은 (다른 MTAG 자료와 함께) 다음에서 찾아볼 수 있다. https://ctbi.org.uk/mission-theology-advisory-group-resources/ 및 https://www.churchofengland.org/sites/default/files/2017-11/MTAG%2095%20Missional%20The-ses_0.pdf

10 반면에, 우리를 팔로우한 트위터 사용자는 대부분 성직자와 다른 교회 지도자였다.

11 논제들의 상대적인 인기도는 최초 24시간 동안 리트윗되거나 공유된 횟수 및 그에 의해 생성된 다른 대화의 수를 참고하여 결정되었다. 나는 최초에 논제들을 게시했을 뿐만 아니라 최종 편집과 동시에 논제들이 수용되고 사용된 방식에 관한 대규모 분석의 책임을 맡았던 앤 리처드Anne Richards 박사에게 빚을 지고 있다.

12 https://schooloftheologynet.files.wordpress.com/2010/07/the-dream-wesley-frensdorff.pdf 거룩한 바보로서의 예수상은 그리스도교 전통에서 긴 역사를 가진다. Elizabeth-Anne Stewart, *Jesus the Holy Fool* (New York: Sheed & Ward 1999)을 보라. 사역에서의 광대놀음에 관한 설명을 위해서는 Roly Bain, *Fools Rush In: a call to Christian clowning* (Grand Rapids: Zondervan 1993); Olive Fleming Drane, *Clowns, Storytell-ers, Disciples* (Philadelphia: Augsburg 2004)를 보라.

■■■■■■■■■■■■■■■■■■

지금의 문화적 변화는

너무 빠르고 예측할 수 없지 않나요?

그래서 바른 질문을 하고,

그 물음을 다른 이들에게 간단한 방식으로

분명히 표현하고,

그 모든 것을 이해하려 애쓰는 사람들과

나란히 걷는 방법을 알아가는 게

우리의 소명이 되지 않나요?

- 존 드레인

현존하는
미래의 지구

마이클 노스콧

도입

나는 옥스퍼드 중심부에서 여기까지 걸어왔습니다. 자기가 있는 환경에 자기 자신을 놓고 보려면 걷는 것이 가장 좋은 방식이라고 여기기 때문입니다. 런던의 워털루와 버밍엄의 셸리 오크의 옛 사무실을 알고 있기 때문에 나는 새 교회선교회 사무실이 어떤 곳에 있는지 궁금했고 보고 싶었습니다. 이곳과 옥스퍼드 중심부 사이에는 자연이 그렇게 많지 않습니다. 콘크리트로 뒤덮인 주차장과 우울한 건축물이 있지요. 카울리의 BMW 미니 생산 공장을 지나면서, 나는 약간 기운이 없어지기 시작했습니다. 그런 뒤 곧 카울리 공장에 걸쳐 있는 이 사랑스러운 관목을 발견했습니다. 많은 양의 산딸기류 열매가 달려 있었습니다. 관목을 지나자마자 철도 교량 옆으로 커다란 광고판이 나타났는데 광고 속에는 아주 행복해 보이지는 않는 아가씨가 있었습니다. 광고는 기찻길을 따라 무언가를 말합니다. 당신이 도시 환경에 대해 작은 일을 할 수 있을 거라고 격려하는 거지요!

내가 보기에도, 옥스퍼드의 이 지역에 필요한 것은 약물과 상담만이 아닙니다. 보기만 해도 피곤해지는 저 단지들에, 약간의 그리스도교 선교도 필요하겠지요…. 어쩌면 이미 진행되고 있을지도 모르지요.

현존하는 미래의 지구

'현재에 존재하는 미래'의 지구란 우리가 현재 있는 곳에 어떤 방식으로든 아주 크게 관련된 흥미로운 주제입니다. 우리가 우리 행성과 맺는 관계의 측면에서 말이지요. 현재 우리가 온전히 자각하지는 못하더라도, 우리는 이미 새로운 미래 안에 있습니다. 우리가 살아가고 있는 바로 지금이 기후를 기록하기 시작한 이래 가장 뜨거운 해입니다. 대기 중의 온실가스인 이산화탄소의 연평균 농도는 400ppm을 막 넘어섰습니다. 인류 역사를 통틀어 더워져 온 것보다도 더 빠르게 지상은 더워지고 있습니다. 기후 기록에 따르면 지난 1,500만 년 가운데 최고 수준의 이산화탄소가 현재 대기 중에 있습니다. 기본적으로 암석에서 기록을 얻을 수 있습니다. 예를 들면, 석회암이 언덕에 퇴적되었을 당시 대기 중에 얼마나 많은 이산화탄소가 있었는지를 알아낼 수 있습니다.

1,500만 년 전에는 지상에 인류가 없었습니다. 따라서 이전까지 인류는 이산화탄소 농도가 400ppm인 지구에서 살아본 적이 없습니다. 그 결과 우리는 빠르게 얼음을 상실하고 있습니다. 북서항로가 열려서 이제 여름에는 선박들이 정기적으로 북서항로를 통과하고 있으며, 선체를 강화하지도 않은 배들이 늘어나고 있습니다.

그러나 엄청난 시차가 존재합니다. 현존하는 미래라는 은유가 기후변화를 생각해보는 데 도움이 되는 이유입니다. 현재 대기 중에는 결국 얼음을 녹여 우리를 미래로 데려갈 만큼 충분한 이산화탄소가 있습니다. 그러면 케임브리지 보트 경주는 사라지게 될 것입니다! 더는 존재하지 않기 때문입니다. 바다 아래에 있겠지요.

영국에 사는 우리가 겪을 일입니다. 그리고 얼마나 오래 걸릴지 모르겠습니다만, 한 200년 정도일까요? 우리 후손들은 살길을 찾아야만 할 것입니다. 그들은 도시를 다시 지을 것입니다. 브리스톨, 글래스고, 에든버러(내가 사는 곳) 대부분, 런던은 모두 사라질 것입니다. 템스 계곡 대부분이 사라지고, 제3 활주로 문제는 아무래도 좋은 일이 될 것입니다. 수중에 있을 테니까요. 사람들은 이주할 것입니다. 정말 큰 규모로 말이지요. 희망을 품어본다면 우리는 여전히 작동하는 경제를 누리고 있을 것입니다. 제 생각에는 그 단계에서 유럽 연합을 떠나 있을 것 같습니다. BMW 미니를 계속해서 벨기에로 수출할지 말지 묻는 것은 엉뚱한 질문처럼 보이기 시작합니다. 벨기에가 더는 존재하지 않을 테니까요.

방글라데시나 개발도상국 세계의 다른 지역에 살고 있다면 이 시나리오는 훨씬 더 무섭게 보입니다. 이미 사람들은 기후 변화로 땅을 상실하고 있습니다. 여행 중에 나는 아미타브 고시Amitav Ghosh가 쓴 책을 읽고 있습니다. 책의 제목은 『거대한 혼란The Great Derangement』입니다. 표지에는 방글라데시의 브라마푸트라 삼각주가 나와 있습니다. 100여 년 전 그의 부모와 조부모가 강제로 떠나야만 했던 곳입니다. 해수면이 7미터만 높아져도 방글라데시는 대부분 사라질 것입니다. 이미 수백만 명은 기후 변화로 인해 집이 없습니다. 지금 대기 중에 우리가 만들어낸 이산화탄소의 양만으로도, 방글라데시 전체가 사라지는 건 시간문제일 뿐입니다.

물론, 파리에서 협정을 맺었다는 소식을 듣고 우리는 세계 각국이 동의한 그 협정이 얼마나 훌륭한 것인지 알게 되었습니다. 교토 의정서와 비교해, 파리 협정은 기록적으로 빨리 세계의 많은 나라에서 법제화되었습니다. 그러나 교토 의정서와 달리 이 협정은 이산화탄소 감축을 법적으로 강제하지 않습니다. 게다가 이 협정은 무엇을 화석 연료라고 부를 것인지에 대한 언급을 포함하지 않습니다. 화석 연료는 햇빛으로 합성작용을 하는 과정에서 이산화탄소를 산소로 전환하여 우리와 앞선 종들이 땅에서 숨 쉬고 살 수 있는 조건을 만들어주는 식물이었습니다. 그런 후에 땅에 묻힌 것입니다. 즉 화석 연료는 묻혀 있는 햇빛입니다. 우리는 그 햇빛을 빼내서 태움으로써 지구를 뜨겁게 만들고 있습니다. 하지만 파리 협정에는 화석화된 식물, 화석 연료, 석탄, 석유와 가스에 대한 언급이 없습니다. 숲에 대해서도 마찬가지입니다.

그러니까, 불행하게도 이산화탄소 상승으로 인한 기후 변화의 주요 원인은 파리 협정에서 다루어지지 않았습니다. 다루었다면 좋았을 텐데요. 파리 협정은 오직 우리가 온실가스 배출이라고 부르는 것에 대해서만 이야기합니다. 땅에서 뭔가를 꺼낼 때, 그걸 휘발유로 바꿀 때, 다시 그걸 엔진이나 가스보일러 같은 집안의 화로에 집어넣을 때 배출되는 것이지요. 그렇게 대기로 흘러 들어갑니다. 과정을 따라가면 정말, 정말 긴 여정입니다. 350.org[1] 운동의 감리교인 지도자 빌 맥키벤Bill McKibben이 지난 몇 년 동안 주장했듯이, 당신이 해야 할 일은 땅에서 뭔가 꺼내는 일을 중단하는 것입니다. 그렇게 하지 않는다면, 계속 불타오르겠죠. 파리 협정에는 화석 연료를 땅에서 꺼내는 일을 중단하기 위한 계획이 없습니다.

물론 기후 변화만이 환경 위기의 유일한 주안점인 것은 아닙니다. 불과 2주 전에 발표된 세계자연기금WWF 보고서에 따르면, 세계는 2020년까지 야생동물의 3분의 2(전체 숫자에서 3분의 2)를 잃게 되는 궤도에 올라타 있습니다. 갈수록 많은 종이 멸종의 위협을 받고 있습니다. 전 지구적으로만이 아니라 이곳 영국에서도 마찬가지입니다. 꽤 최근에 덤프리스 셔에 있는 나의 정원에 친구가 놀러와 머물렀습니다. 그는 아주 커다란 방풍 스크린을 장착한 할리 데이비슨 오토바이를 가지고 있었습니다(할리는 아니었고, 할리 같은 것이었죠). 그는 일흔 살이 다 되었지만, 여전히 날이 좋으면 스키를 타고 산에서 내려올 수 있습니다. 그가 말했습니다. "지난 두 번의 여름 동안 오토바이를 멈추고 방풍 스크린에 묻은 곤충을 닦아낼 일이 없었다네. 곤충들이 이제 정말 없어진 거야." 우리가 곤충을 모조리 죽인 겁니다. 우리는 너무나도 효과적으로 밭에 살충제를 뿌렸습니다. 밀 같은 것들은 아주 잘 자랐습니다. 이 섬에서 곤충을 전부 죽이는 데 드는 비용은 정말 저렴합니다. 하지만 무엇이 곤충 덕분에 사나요? 조류입니다. 무엇이 조류 덕분에 사나요? 작은 포유류입니다. 무엇이 작은 포유류 덕분에 사나요? 큰 포유류입니다. 우리는 모든 것을 잃고 있습니다. 전 지구적으로만이 아니라, 이곳 영국에서도 말입니다.

11월이 되면 우리 가운데 많은 사람은 가슴에 양귀비를 답니다. 밀레니얼 세대와 다른 세대를 비롯해 어떤 사람들은 이렇게 말하기 시작했습니다. "우리에게는 다른 유형의 영령 기념일이 필요합니다. 우리가 잃어버리고 있는 종들과 이미 잃어버린 종들을 기억해야 합니다." 어떤 사람들에게 11월 30일은 잃어버린 종들을 위한 영령 기념일입니다.

그 원인이 무엇이냐 묻는다면, 석유와 가스 산업이라고 대답할 수 있습니다. 본질적으로 석유 가스 산업은 세계 경제라고 불리는 이 기이한 것에 연료를 공급합니다. 이것이 브렉시트에서 문제가 되었고, 미국 대선에서 문제가 되었습니다. 예를 들면, 우리는 모든 것을 중국과 인도에서 만들고 영국으로 배송시키면서 모든 지역주민을 해고해야 할까요? 그렇게 하지 말아야 할까요? 어머니 지구 입장에서 그건 확실히 좋은 계획이 아닙니다. 국가주의적인 경제 관념을 잠시 내려놓고 보면, 어머니 지구에 좋은 계획이 아닙니다. 예를 들면, 지금 우리의 전자장비 사용 규모는 중국이나 인도의 대기를 망가뜨리는 석탄에 달려 있습니다. 종종 노예 노동에 달려 있기도 합니다. 정말 충격적입니다. 그러나 이 거대한 세계적 물류 네트워크는 이런 것을 감춥니다. 그 물건을 사는 일이 누군가가 살아가는 도시의 대기를 망쳐 그들의 자녀가 일찍 죽게 만드는 것임을 알았더라면, 우리는 구매하지 않았을 것입니다. 그러나 세계 경제의 사슬은 너무나 거대해서 우리는 그것이 우리의 동료 인간을 속박해 노예로 만들고, 환경을 노예로 만드는 방식이라는 것을 알아보기가 어렵습니다.

다르게 보면 이것은 지구를 뒤덮는 인류의 순전한 힘이기도 합니다. 우리는 지질학적 지배력을 갖게 되었습니다. 자연을 지배하는 능력이지요. 우리는 지구 역사상 최초로 기후를 변화시키는 종입니다. 이전의 모든 심각한 기후 사건은 거대한 운석 충돌이나 화산 폭발 같은 일을 통해 발생했습니다. 우리는 지구상에 존재하는 다른 모든 것들의 생명 조건을 바꾸는 최초의 종입니다. 우리는 날씨를 바꿀 수 있습니다.

우리가 그렇게까지 강력하지는 않다고, 날씨에 영향을 미칠 수는 없다고 말하는 정치인들이 여전히 있습니다. 제트기류처럼, 멕시코만류처럼, 제트기류를 만드는 해류처럼, 우리는 전 지구적인 시스템을 바꾸어 나가고 있습니다. 이것은 물론 인간에게 끔찍한 영향을 미치고 있지요. 1970년 이후 강우량이 극적으로 감소한 국가 하나하나가 전부 위기를 겪었습니다. 지난 8년 동안 정치적 위기나 경제적 위기가 계속되었습니다. 이탈리아, 그리스, 스페인, 포르투갈이 그렇습니다. 이른바 아랍의 봄이 과일 가격 상승 때문에 아랍의 겨울로 변해버린 튀니지도 있습니다. 리비아도 마찬가지입니다. 이집트, 시리아, 요르단을 보십시오.

우리 모두 알다시피, 시리아는 참혹한 내전에 휩쓸렸고 수백만 명이 쫓겨났습니다. 나는 2년쯤 전에 그린벨트Greenbelt에서 일하는 그리스도인 구호 종사자에게 다음과 같은 이야기를 들었습니다. 내전은 가뭄으로 인해 촉발되었습니다. 아사드Assad는 물을 얻기 위해 땅을 팔 수 있는 모든 자격을 자신의 알라위파 사람들에게만 주고 주류인 수니파에게는 인정해주지 않았습니다. 이로 인해 내전이 갑자기 시작되었고, 지금 우리가 유럽의 해안가에서 목도하고 있는 너무나 끔찍한 결과가 초래되었습니다.

한 국가로서 너무나 수치스럽게도, 우리는 셀 수 없이 많은 사람을 내쫓았습니다. 시리아인, 에티오피아인, 아프가니스탄 아이들을 비롯해 이곳 영국에 있는 친척에게 닿기만을 기다리고 있던 사람들을 칼레에 있는 수용소가 폐쇄되기 전부터 내쫓았습니다.

우리가 지구에서 벌이고 있는 일은 전례가 없는 일들입니다. 지질학적으로도 확실히 전례 없는 일이고, 인류 문명사의 측면에서는 더욱이 전례가 없는 일입니다. 우리의 아브라함 계통 종교를 비롯한 종교사의 측면에서도 마찬가지입니다. 이 모든 것이 지난 1만 년의 기간 동안 시작되었습니다. 지구의 기후가 유례 없이 안정적인 시기였습니다. 지난 1만 년간 지구가 누렸던 기후 안정성은 농경을 발전시킬 수 있는 능력을 인간에게 주었습니다. 농경은 노동의 분업을 가져다주었습니다. 이내 식량을 저장하는 능력도 발달했습니다.

식량 저장에 관한 이야기는 누구나 알고 있는 창세기에서도 처음부터 끝까지 등장합니다. 창세기는 어떤 식물을 선택한 것으로 인해 곤경에 빠져 농경인이 된 수렵-채집인과 함께 시작됩니다. 최초의 타락은 본질에 있어 식물을 고르는 일에 관한 것입니다. 그들은 추방을 당해 잡초와 씨름하며 식물을 심고 이마에 땀을 흘리며 식량을 키워내야만 한다는 말을 들었습니다. 이제 더 이상은 나무에서 열매를 따 먹으며 살 수가 없다는 말이죠. 이것은 수렵-채집인에서 농경인으로의 전환에 대한 신화입니다.

레반트와 중국, 그리고 마야 문명에서 농경을 가능하게 만들어준 것,

그리고 농경이 중앙아메리카, 레반트 지역 및 중국 지역에서 거의 동시에 발달하게 해준 것은 기후 안정성이었습니다. 앞선 수천 년 동안에는 야생에서 뽑아 갈아먹던 풀들을 재배하기 시작할 수 있었습니다. 〈100대 유물로 보는 세계사 A History of the World in 100 Objects〉라는 훌륭한 시리즈의 첫 번째 유물은 6만 년 전의 맷돌이었습니다. 하지만 우리는 1만 년 전까지는 식물을 재배하는 일을 시작하지 않았습니다. 그리고 식물을 재배하는 능력은 몹시 짧은 기간 안에 사제, 성전, 군주, 노예, 문명을 가져다주었습니다. 성서의 첫 번째 책이 묘사하는 것이 바로 이것입니다.

그러나 우리가 살아가고 있는 시점에 이르러서, 농업과 산업이 우리에게 준 영향력이 지구 전역에 미치는 범위는 성서가 기록되던 시절에는 전혀 상상할 수조차 없었던 규모에 도달했습니다. 인간이 미치는 영향의 충격은 20세기에 기하급수적으로 증가했습니다. 충격이 너무나 커서 과학자들은 이제 우리가 새 시대, 새로운 지질학적 시대를 살아간다고 말하고 있습니다. 홀로세는 안정적인 기후의 시대였습니다. 농경과 문명 발전의 시대였습니다. 인류세는 때로 인간의 시대라고 불리며, 이 시대 가운데 우리는 어떤 면으로 보면 지구를 통제하고 있지만, 또 다른 면에서는 전혀 통제하고 있지 못합니다. 의도적으로 그런 일들을 하는 것이 아니기 때문입니다. 집을 덥히기 위해 밤중에 가스를 켤 때나 대규모로 도시를 건설할 때 우리는 기온 상승을 의도하지 않습니다.

성서에 나오는 환경에 대한 인간 영향의 첫 기록은 창세기 2장과 3장,

두 번째 창조 이야기입니다. 거기에는 아담과 하와가 먹지 말았어야 할 나무 열매를 골라 먹었다고 기록되어 있습니다. 앞에서 식물을 고르는 일, 또는 식물을 부적절하게 고르는 일에 관한 이야기라고 말한 것은 이 때문입니다. 그 일이 있은 다음 그들은 추방됩니다. 그리고 미켈란젤로가 시스티나 성당 천장에 해놓은 이 사건에 관한 아름다운 묘사 〈낙원에서의 추방〉을 보면, 왼편의 지구는 더 파릇파릇하고 초록빛으로 풍성해 보이지만, 오른편의 지구는 그다지 생생해 보이지 않습니다. 추방은 그 영향, 그 결과를 인간에게만이 아니라 자연에도 미칠 것이었습니다.

과거에 나는 말레이시아 선교사였습니다. 말레이시아에서 한 경험은 나를 환경신학자로 바꾸었습니다. 특별히 나는 보르네오섬의 사라왁주에 있는 벨라가라는 마을에 방문했었습니다. 그곳의 강은 갈색입니다. 나무들이 잘려 쓰러지고 있기 때문입니다. 1만 년 된 토양이 강으로 쓸려 내려가고 있으며 인근 지역에는 홍수가 납니다. 그곳 사람들은 전통적으로 긴 집에 살아왔습니다. 감리교와 성공회 선교사 및 다른 이들에 의해 긴 전통 가옥들 가운데 많은 집이 수년에 걸쳐 그리스도교화되었습니다. 이제는 보르네오내륙선교, 또는 보르네오의 토착교회가 선교를 진행하고 있습니다. 긴 전통 가옥에서 그들은 정글을 베어내지 않으면서 정글에 의지해 살았습니다. 과일나무를 심기 위해 적은 영역은 벌목했겠지만, 그들이 살아나가는 데 필요한 대다수 음식은 정글에서 모아온 것이었습니다.

그것들 가운데 두리안이 있는데, 대단히 귀중하지만 지독한 냄새가 나는 과일입니다. 동남아시아에서는 두리안을 호텔로 가져가는 것은 허용되지 않습니다. 냄새가 너무 강해서 그 냄새가 에어컨에 들어가면 절대로 다시는 빼낼 수가 없기 때문입니다. 썩은 달걀과 바닐라 아이스크림이 섞여 있는 것 같은 냄새가 납니다. 정말 이상하지요. 상당히 중독적이고 어딘가 나른해지기도 합니다. 말레이시아인들은 이것을 완전히 사랑하지요. 두리안은 매우 귀중하며, 20달러나 30달러에 구할 수 있습니다. 그래서 아주 귀중한 나무이기도 합니다.

그들은 소규모로 화전 농업을 하기도 합니다. 그들은 6년에서 7년 정도 숲의 일정 면적을 베어내고 쌀과 다른 주식 작물을 심습니다(쌀이 주식입니다). 나는 그 지역의 그리스도인과 교회에 방문하면서 아이들을 데려갔습니다. 내 어린 두 자녀와 함께 긴 전통 가옥에 가서 둘러앉아 그렇게 길러낸 야생 쌀을 먹었습니다. 우리는 덥지 않았습니다. 전통적인 방식으로 지어진 그 집은 시원했습니다. 환기도 전통적인 방식이었는데 에어컨이나 선풍기가 필요 없었습니다. 아이들도 그걸 무척 좋아했습니다. 그 방문을 여전히 잊을 수가 없습니다. 정말 범상치 않은 경험이었습니다.

그런데 그곳 벨라가 마을에서 머무는 동안, 그리스도인 의사 한 사람을 만났습니다. 거대한 라장 강 위쪽으로 올라오기 전에 시부에서 처음 만났던 분이었습니다. 우리가 벨라가에 있는 동안 그녀를 다시 만난 것이지요. 그녀는 멀리 떨어져 있는 원주민 공동체를 방문하는 헬리콥터를 타고 이 지역에 왔습니다. 그녀는 그들이 얼마나 심각한 영양실조 상태에 놓여 있는지 설명해주었습니다. 그리고 그녀는 불가능한 일을 해내려고 노력하고 있었습니다. 영양실조에 걸린 사람들을 치료할 수는 없습니다. 그들에게는 음식이 필요하지 약물이 필요한 게 아닙니다. 나는 그녀의 이 야기에 너무나 충격을 받았습니다. 보르네오섬은 지구상에서 가장 비옥한 곳 중 하나이기 때문입니다. 보르네오섬에서는 음식을 얻기 위해 고생할 필요가 없습니다. 에덴동산 같은 곳입니다. 틀림없이 나무에서 먹을 것이 자라납니다. 그러나 나무를 베어낸다면, 그렇게 벌목용 궤도를 만든다면, 나무들을 뽑아내고 주 수상이 25년 또는 그 기간 이상 동안 그랬듯 부패한 방식으로 팔아넘긴다면, 오랑우탄('바깥의 사람'이라는 뜻이 있습니다. '오랑'=사람, '우탄'=바깥/정글) 같은 생명체만 쫓아내고 끝나지는 않을 것입니다. 그들의 언어는 이 동물이 우리와 같은 사람이라는 진정한 감각을 담고 있습니다. 그리고 실제로 그들은 우리와 같습니다. 오랑우탄은 유년기에 접어들기까지 5년이 걸립니다. 그들은 출산을 조절합니다. 그들이 콘돔을 가지고 있지는 않지요. 그렇게 하는 법을 어찌어찌 알고 있을 따름입니다. 그들은 한 번에 한 자식만 가지며, 그 5년 동안 어미와 자식은 아주 가깝게 지냅니다. 이는 인간을 제외한 다른 모든 동물 가운데 가장 긴 양육 기간입니다. 5년이 차게 되면, 사실상 모든 시간을 어미와 붙어 지낸 후에, 자식은 강하고 안정적이며 심리적으로 온전한 어른이 됩니다. 밖으로 나가 먹이를 찾고 자신이 생존하는 데 필요한 일은 무엇이든지 할 수 있겠지요. 그들은 우리와 정말 닮아 있습니다. 그리고 말레이인은 이 사실을 어느 정도는 알고 있습니다.

성서적 전망

그러나 보르네오섬에서 벌어지는 일에 영향을 받는 존재는 오랑우탄이나 다른 소중한 생명체만이 아닙니다. 온 지역이, 전 지구가 영향을 입습니다. 2014년에 나는 플라카의 마을에 사는, 예전에 가르쳤던 한 학생을 방문했습니다. 하룻밤을 자고 다음 날 아침에 일어났습니다. 그날 교회에서 설교할 예정이었습니다. 내 친구 제이슨의 손자의 세례식이 있는 날이었습니다. 밤중에 나는 타는 냄새를 맡았습니다. 작은 위험에도 예민하게 반응하는 성격은 아니어서, 잠시 깨어나 '제이슨이 위스키를 좋아하는 줄은 알고 있었지만 흡연하는 줄은 몰랐군' 하고 다시 잠들었습니다.

아침에 커튼을 열었는데 거리를 내려다볼 수가 없었습니다. 안개와 연기가 자욱했고 모닥불 냄새가 났습니다. 플라카는 수마트라에서 20마일밖에 떨어져 있지 않습니다. 그날 수마트라에 불이 났습니다. 사람들은 한 지역에 불을 지르고 그곳에 기름야자를 심습니다. 대규모 기름야자 농장은 자주 화재의 원인이 됩니다. 동남아시아 도시들에서는 매년 수천 명이 화재로 인해 사망하는 것으로 추정됩니다. 정말 최악이었던 해의 경우 3만 명이 연기로 인해 사망한 것으로 추산되었습니다.

참으로 참담합니다. 인간의 비극이요 환경의 위기입니다. 나무와 오랑우탄과 숲만의 비극이 아닙니다. 인간의 위기입니다. 벌목 경로에 바리

케이드를 설치한 사람들과 그것을 막으려 시도했다가 평화를 흐트러뜨린다는 죄목으로 경찰에 체포된 사람들 모두의 비극입니다. 정말 괴로운 일입니다. 그 일을 경험하는 것이 나는 너무나 괴로웠습니다. 그러나 이 사람들을 방문하는 가운데 얻은 경험의 결과로, 나는 학생들에게 그리스도교 신앙과 피조물에 대한 돌봄이라 불리는 것 사이의 연관성을 가르치는 데 학자로서의 모든 것을 바쳐야겠다고 생각했습니다. 구약성서에서 그리스도교 선교 및 구원과 지구에 대한 돌봄 사이의 연관성을 압축해 보여주는 결정적인 본문은 이사야 65장의 마지막 부분입니다.

보아라, 나 이제 새 하늘과 새 땅을 창조한다. 지난 일은 기억에서 사라져 생각나지도 아니하리라. 내가 창조하는 것을 영원히 기뻐하고 즐거워하여라. 나는 '나의 즐거움' 예루살렘을 새로 세우고 '나의 기쁨' 예루살렘 시민을 새로 나게 하리라. 예루살렘은 나의 기쁨이요 그 시민은 나의 즐거움이라, 예루살렘 안에서 다시는 울음 소리가 나지 않겠고 부르짖는 소리도 들리지 아니하리라. 거기에는 며칠 살지 못하고 죽는 아기가 없을 것이며 명을 다하지 못하고 죽는 노인도 없으리라. 백 세에 죽으면 한창 나이에 죽었다 하고, 백 세를 채우지 못하고 죽으면 벌을 받은 자라 할 것이다. (이사65:17-20)

이 말씀은 지금 우리가 발전이라고 부르는 것에 관한 인류 역사상 최초의 진술입니다. 이것은 영아 사망률에 관한 것이며 장수에 관한 것이기도 합니다. 지금 영국 사람들은 100세까지 살고 있습니다. 모두가 그런 것은 아니지만, 일부는 실제로 그렇습니다. 많은 사람이 90세까지 살고 있습니다. 나에게는 90세를 넘긴 친척 두 분이 계십니다. 아흔이 넘어 돌아가신 친척은 다섯 분이나 되고, 두 분은 여전히 생존해 계십니다.

이 본문은 지속 가능한 경제, 지역 경제, 사람들이 자기 지분을 갖는 경제에 관한 이야기이기도 합니다. 철도는 독일 소유이고 내가 지난밤 묵었던 호텔은 프랑스 소유이며 다른 나머지 것들도 비슷한 처지에 있는 곳의 경제와는 다르지요.

> 사람들이 제 손으로 지은 집에 들어가 살겠고 제 손으로 가꾼 포도를 따 먹으리라. 내가 지은 집에 남이 들어와 사는 것을 보지 않겠고 내가 가꾼 과일을 남이 따 먹는 것도 보지 아니하리라. 나의 백성은 나무처럼 오래 살겠고 내가 뽑은 자들은 제 손으로 만든 것을 닳도록 쓰리라. 아무도 헛수고하지 아니하겠고 자식을 낳아 참혹한 일을 당하지도 아니하리라. 그들은 야훼께 복 받은 종족, 후손을 거느리고 살리라. 그들이 부르기 전에 내가 대답하고 말을 마치기 전에 들어주리라. (이사 65:21-24)

인류 역사상 최초라고 말씀드릴 이 평화에 대한 전망, 인류 발전에 대한 전망은 이사야 예언자의 결말에서 드러나는 성서적 신념에 있어 절대적으로 본질적입니다. 처음에는 유대인에게 약속되었던 구원이 지구상의 모든 사람에게 넘쳐흐르게 되는 순간입니다. 물론 우리는 그것이 그리스도께서 오신 것으로 성취되었다고 믿습니다. 이사야에게 있어서 그것은 그저 모든 사람에게만 넘쳐흐르지 않습니다. 훌륭하게도, 그는 그것이 모든 생명체에게 넘쳐흐른다고 결론지었습니다.

그렇습니다. 어떤 면에서 보면 불가능한 꿈입니다. '늑대와 어린 양이 함께 풀을 뜯고'… 좋죠. 그런데 늑대가 뭔가 심각한 심리학적 재훈련이라도 받지 않는 한 불가능할 것입니다. '사자가 소처럼 여물을 먹으며'… 좋지만, 사자가 풀을 먹고 살 수 있나요? 사자는 채식주의자가 될 수 있을까요? 아마 그럴 수도 있겠지만 엄청난 훈련 없이는 불가능할 것입니다. '뱀이 흙을 먹고 살리라.' 아, 그러니까 뱀은 여전히 타락과 연관되어 있는가 봅니다. 그러나 '나의 거룩한 산 어디에서나 서로 해치고 죽이는 일이 없으리라. 야훼의 말씀이시다.' (이사65:24-25)

이사야의 전망을 담아낸 에드워드 힉스Edward Hicks의 유명한 작품 『평화로운 왕국The Peaceable Kingdom』이라는 그림이 있습니다. 이 그림의 배경에서는 당시 미국에서 필라델피아 도시 사람들과 미국 원주민 부족들이 조약을 체결하고 있는 모습을 볼 수 있습니다. 다른 모든 조약과는 다르게, 지켜졌다고 말해지는 조약입니다. 전경에서는 사자가 저녁 찬거리에 눈독을 들이고는 있지만 특권을 포기하기로 한 것 같아 보입니다.

사람들은 이것이 전부 구약성서일 뿐이라고 이야기합니다. 예수는 환경론자가 아니었다는 것입니다. 신약성서에 이런 내용이 어디에 있느냐, 우리 성서의 어떤 부분에 이런 내용이 있느냐 하고 따집니다. (복음주의 계와 가톨릭계에 적잖은 마르키온주의자들이 있다는 사실을 종종 발견합니다…!). 자, 신약성서를 봅시다. 갈릴래아 호수에서 거센 풍랑을 잠재우신 이야기는 유명합니다. 렘브란트에 의해 멋진 서사적 회화로 아름답게 그려지기도 했지요. 잘 알려진 바와 같이 예수께서는 뱃고물을 베개 삼아 주무시고 계셨습니다. 제자들은 목숨을 잃을까 두려워했습니다. 그들은 그분을 깨웠습니다. 그분은 일어나셔서 말씀하십니다. "이게 다 무슨 소란이냐?" 그러신 다음 그분은 바람을 꾸짖고 파도에 말씀하셨습니다. "고요하고 잠잠해져라!" 바람은 죽은 듯 잦아들고 사방이 아주 고요해졌습니다. 그분은 제자들에게 말씀하셨습니다. "왜 그렇게들 겁이 많으냐? 믿음이 없느냐?" 그들은 두려움에 사로잡혀 서로에게 물어보았습니다. "도대체 이분이 누구인데 바람과 바다까지 복종할까?"

우주의 주님께서 살과 피를 입고 태어나셨습니다. 창조와 맺는 새로운 관계가 예수 그리스도 안에서 시작되었습니다. 인간과 땅 사이의 화해는 이미 한참 기한을 넘겼고 약속된 지가 오래입니다. 에덴에서의 추방과 함께 시작된 것은 예수 그리스도 안에서 다시 새롭게 시작됩니다.

십자가형을 향해 가는 과정에서 그분의 죽음이 아주 가까워졌을 때 일식이 일어났다는 것은 이 때문입니다. 땅조차 그리스도의 죽음에 응답했습니다. '낮 열두 시쯤 되자 어둠이 온 땅을 덮어 오후 세 시까지 계속되었다. 태양마저 빛을 잃었던 것이다. 그때 성전 휘장 한가운데가 찢어지며

두 폭으로 갈라졌다.' (루가 23:44-45) 세계를 유대인과 이방인으로 갈라놓았던 옛 종교는 끝장이 났습니다. 옛 계약은 끝났습니다. 그 순간 인간과 땅 사이의 화해는 시작되었습니다. 인간에 앞서 땅이 그것을 알고 있었습니다. '예수께서는 큰소리로 "아버지, 제 영혼을 아버지 손에 맡깁니다!" 하시고는 숨을 거두셨다.' (루가 23:46)

초기 그리스도인들은 이 사실을 이해하고 있었습니다. 그들은 새 창조가 인간적인 사건일 뿐 아니라 우주적이었음을 알고 있었습니다. 아주 일찍이 성 바울로는 고린토인들에게 보낸 자신의 편지에서 이런 표현을 사용합니다. '누구든지 그리스도 안에 있으면, 그곳에는 새로운 창조가 있습니다. 낡은 것은 사라지고'. 그는 우리가 그리스도의 대사가 되는 방식과 우리의 일이 화해를 이루어가는 일이라는 사실에 관해 이야기합니다. 성 바울로의 편지들에서 그가 마음에 품은 우주적 화해가 인간만이 아니라 많은 사람과 다양한 종들이 살아가고 있는 지구의 전 역사를 아우른다는 사실은 아주 분명합니다.

그러나 우리의 그리스도교 문화에서 우리는 너무나도 자주 구원이 담고 있는 이 우주적 차원을 이해하지 못합니다. 나는 몇 년 전 『레프트 비하인드Left Behind』[2] 시리즈에 관해 논문을 하나 썼습니다(그 소설을 읽은 학자가 무슨 짓을 했을지 궁금하시죠!). 한번은 서퍽에서 집으로 운전을 하고 있었습니다. 아내의 사촌 집에 들렀는데, 마침 그녀가 정말 많은 것을 버리고 있었습니다. 그중에 이 시리즈 전부가 있었습니다. 그 책들을 챙겨 가겠다고 즉흥적으로 이야기했습니다. 흥미로운 기획이 될 것 같았습니다!

나는 그 안에 담긴 특징이 무엇인지만 살펴보면서 책 전부를 꽤 빠르게 읽어나갔습니다. 기계에 대한 배경 설정만이 특징적이었습니다. 뒤에 남겨졌으나 휴거 이후에 성인이 된 사람들이 선한 싸움을 싸울 수 있도록 해주는 것은 다름 아닌 기계입니다. 기이한 상상이고 매우 이상한 책들입니다. 그러나 이 시리즈는 미국 복음주의계에서 믿을 수 없을 정도로 큰 영향력이 있었고, 이곳 영국에서도 꽤 많은 사람이 읽었을 것 같습니다. 단지 싸움이 일어나기 위한 일종의 배경임을 제외하면 어머니 지구는 상황에 등장하지 않습니다. 지구는 단순하게 성인들을 벌주고, 성인들은 오직 자신들의 기술과 독창성에 힘입어 살아남습니다.

나는 프란시스 쉐퍼Francis Schaeffer가 1950년대에 스위스에 세운 라브리L'Abri 공동체에서 잠시 살았던 적이 있습니다. 그는 1968년에 유명한 책 『환경오염과 인간의 죽음Pollution and the Death of Man: the Christian view of ecology』(생명의말씀사, 2011)을 썼습니다. 그 책에서 그는 그리스도인이 생태계 위기를 '붙잡아야'만 한다고 주장했습니다. 히피족만 그래야 하는 것이 아니고 우드스톡에 가는 사람들, 조니 미첼과 닐 영 같은 사람들만 생태계 위기를 붙잡아야 하는 게 아니라고 말이죠. 그는 말했습니다. "우리 모두 생태계 위기를 붙잡아야만 해요. 그리고 우리 복음주의 그리스도인은 무엇보다도 이 위기를 붙잡아야 합니다. 땅은 하느님의 피조물이기 때문이에요. 땅은 구속되기로 예정되어 있으며, 그 구속받은 형태는 현재의 물리적 특성을 닮아 있습니다. 따라서 우리는 이것을 오용과 지나친 조작으로부터 지켜내야 할 의무가 있습니다."

우리는 프란치스코 교황의 환경에 관한 회칙 『찬미받으소서Laudato Si』(한국천주교중앙협의회, 2015)에서 상당히 비슷한 이야기를 발견합니다. 신약성서는 우리에게 예수와 그분이 세계와 맺으신 애정 어린 관계만 말해주는 것이 아닙니다. 신약성서는 영광스럽게 부활하신 그분을 보여줍니다. 현재, 창조를 통해서 말이지요. '하느님께서는 당신의 완전한 본질을 그리스도에게 기꺼이 주시고 그리스도를 내세워 하늘과 땅의 만물을 당신과 화해시켜 주셨습니다. 곧 십자가에서 흘리신 예수의 피로써 평화를 이룩하셨습니다.' (골로 1:19-20) 그리하여 교황은 이렇게 결론을 맺습니다. '이리하여 이 세상의 피조물은 더 이상 자연의 모습으로 우리에게 나타나지 않습니다. 부활하신 분께서 이 모든 피조물을 신비롭게 간직하시며 그들의 목적인 충만으로 이끌어주시기 때문입니다.'[3]

선교적 관점

이것을 어떻게 선교에 적용할 수 있을까요? 그리스도교 건축을 통해, 예술을 통해, 기도를 통해, 설교를 통해, 신학을 통해, 예배를 통해 가능할 것입니다. 우리는 창조와 맺는 새로운 관계를 묘사할 수 있습니다. 샌프란시스코에 있는 나지안주스의 성 그레고리우스 교회를 봅시다. 등실 양식으로 지어진 아름다운 교회 천장을 성인 150명이 춤추며 두르고 있습니다. 교회는 그것이 지어진 형태를 통해 새로운 창조를 표상하는 우주론적 건물 같았습니다. 그러나 등실 꼭대기에 이렇게 쓰여 있습니다. '진정 가치 있는 단 하나의 일은 하느님의 친구가 되는 것이다.'

이것은 어떤 종류의 기묘하고 정통적이고 범접하지 못할 메시지가 아닙니다. 내버려야 할 것도 아니지요. 나는 이 교회의 예술에서만이 아니라 예배에서도 크게 감동했습니다. 예배하는 동안 주변에 많은 움직임이 있었습니다. 사람들은 한곳의 회중석에 모여 앉지 않았습니다. 예배의 다양한 부분이 서로 다른 자리에서 일어났습니다. 춤이 있었고, 음악이 있었고, 전례가 있었고, 설교가 있었습니다. 말씀이 적절한 자리에 있었습니다. 춤추는 곰을 비롯해 다른 피조물들의 상도 그려져 있었습니다. 사람들도 마찬가지로 그림 같았습니다. 일요일에 모두가 착용하는 무지개색 배지는 정말 사랑스러웠습니다(방문객도 착용할 수 있습니다).

또 글래스고에 있는 포실파크라는 곳은 유럽에서 가장 가난한 곳 중 하나이며, 완전히 볼품없고 황량한 곳입니다. 나는 길거리와 들판에 그렇게 많은 쓰레기가 굴러다니는 것을 본 적이 없습니다. 방문 중이었던 클레이 커뮤니티 교회 목사님의 안내로 주변을 둘러보는 동안, 그분은 나를 어떤 야생 지역으로 데려다주셨습니다. 그 지역을 빠르게 살펴보았는데, 약 70에이커의 야생 지역은 상당히 엉망이었고 버려져 있었습니다. 노동자 몇 사람이 거기 있는 비둘기집에 비둘기를 키웁니다. 일종의 취미활동이라더군요. 그러나 폴 이드Paul Ede와 다른 사람들은 함께 모여 프렌즈 오브 포실파크 그린스페이스Friends of Possilpark Greenspace라는 모임을 만들고 이 공간을 지역사회의 자산으로 다시 되돌리려 시도했습니다. 모든 사람이 그곳을 함께 쓸 수 있도록 말이지요. 그리고 포실파크의 성공회 교회인 성 마태오 교회는 커뮤니티 센터로 바뀌었습니다.

그곳에는 예술, 상담, 그리고 포실파크 그린스페이스를 비롯해 다양한 단체들이 많습니다. 모두 작은 사무실과 책상을 가지고 있고, 성 마태오 교회의 공터에서는 커뮤니티 정원을 가꾸고 있습니다. 제 친구 폴 이드는 거기에 교회를 세웠습니다. 이 가난하기 짝이 없는 지역사회에 세워진 교회의 심장에 놓여 있는 것은 무엇이었을까요. 길가에 면해 있는 전형적인 교회입니다. 주간에는 상담센터로 사용되고 온갖 종류의 일들을 진행합니다. 일요일에는 굉장히 창조 중심적인, 동시에 사람 중심적이기도 한 예배를 드립니다. 사람들이 창조에, 환경에, 자연에 다시 닿게 된다면, 그것이 놀라움과 생명과 온전함의 원천이 된다는 것을 폴은 알고 있기 때문입니다. 그렇게 사람들은 지독한 우울증과 약물중독에서 벗어나는 데 도움을 받을 것입니다. 그 지역사회에 사는, 너무나도 많은 이들 사이에서 보았던 것이지요. 그들이 회복하는 데 도움이 될 것입니다. 물론 그것은 도피일 수 없습니다. 창조는 하느님의 영광이 드러나는 무대이기 때문입니다. 『그리스도교 강요Institutes』5판 1권에서 이렇게 말했던 사람은 장 칼뱅John Calvin이었습니다. '도시에 가보십시오. 인간의 타락을 보게 됩니다. 자연에 가보십시오. 아직도 하느님의 일을 보게 됩니다.' 폴은 그

사실을 잘 이해했습니다. 클레이 커뮤니티 교회가 기본적으로 녹색 교회인 이유입니다.[4]

소속된 교회나 참여하고 있는 파이어니어 선교에서 이것을 실천해 보고 싶다면, 내가 후원자로 있는 자선단체인 어 로셔 UK A Rocha UK에서 어느 정도 도움을 받을 수 있을 것입니다. 최근 그곳에서는 생태회중Eco Congregations이라고 불리던 것을 대체하기 위해 생태교회Eco Church를 시작했습니다. 그들은 하느님의 백성에게 기쁜 소식이 되는 복음은 하느님의 땅에도 기쁜 소식이 된다는 것을 보여주는 방식으로 '그리스도교 선교 및 예배'와 '피조물에 대한 돌봄' 사이의 완전한 재연결에 도움이 될 자원을 제공하려 노력하고 있습니다.

미주

1   https://350.org/

2   http://leftbehind.com/

3   http://w2.vatican.va/content/francesco/en/encyclicals/documents/papa-franc-esco_20150524_enciclica-laudato-si.html; 100.

4   http://www.claychurch.org.uk/author/paul-ede/

땅은 하느님의 피조물입니다.

땅은 구속되기로 예정되어 있으며,

그 구속받은 형태는

현재의 물리적 특성을 닮아 있습니다.

따라서 우리는 이것을
오용과 지나친 조작으로부터 지켜내야 할
의무가 있습니다.

– 마이클 노스콧

후기: 새로운 산들

캐시 로스

즐거운 여정이셨기를 바랍니다. 처음부터 여기까지 전부 읽으셨을 수도 있고, 열었다 닫았다 하면서 필요한 부분만 읽으셨을 수도 있겠지요. 어쩌면 현존하는미래FuturePresent라는 은유가 여러분의 상상력을 사로잡아 더 나은 세계를 만드는 일, 하느님의 나라의 한 부분이 되는 일, 그 현존을 알아보는 일을 지금 꿈꾸도록 해주었을지도 모릅니다.

혁신하는 방식, 교도소를 다시 상상하고 바꾸어내는 방식, 교회의 물리적인 공간이 나타낼 수 있는 방식, 선교에 관한 수수께끼들, 한 여자아이로 그리스도를 상상하며 이루어진 실험 또는 창조와 맺는 새로운 관계를 기뻐하는 일에 공명했을지도 모르고요.

무엇이 좋으셨든 간에 이 생각과 실천들이 대담하게, 창의적이게, 상상력이 넘치게 생각하고 행동하고 말하도록 용기를 북돋아드릴 수 있기를 바랍니다. 새로운 세계가 어떤 모습일 수 있는지를 보고 상상하는 재능으로서의 시각을 사용해보면서 말이지요.

그것은 틀림없이 큰 소리로 공개적으로 말할 용기, 개인적인 이야기를 다른 사람들과 함께 나눌 용기, 마음속에 품은 꿈을 말로 표현해볼 용기와 함께 시작될 것입니다. 용기가 새로운 세계를 만드는 일의 시작일지 모릅니다.

이와 관련해 최근 내가 본 강렬한 예시는 오프라 윈프리의 골든글로브 수상 소감이었습니다. 그녀는 골든글로브에서 상을 받은 최초의 흑인 여성입니다. 2018년이 되어서야 말이지요! 이 사실에 충격을 받으셨나요?

그녀의 연설은 가부장제, 인종차별, 성차별 및 침묵 당하는 여성들이 드러나고 있고 반드시 변화할 것이라는 희망을 주었습니다. 오프라는 자신들의 이야기를 꺼내어 나눌 수 있을 만큼 강하고 그 힘으로 오프라 자신에게 힘이 되어준 모든 여성에게 감사했습니다.

그녀는 "올해 우리는 이야기가 되었습니다"라고 선언했습니다. 감동적으로, 그녀는 학대와 폭행의 세월을 견뎌낸 여성들에게 감사를 표했습니다. 이제 여성은 많은 공적 제도 안에서 성적 학대와 성추행에 대해 공개적으로 이야기하고 있습니다. 엔터테인먼트 산업, 미디어, 정부, 교육기관, 사회복지 서비스, 그리고 교회에서 말이지요.

이 문제는 고질적이고 아주 깊숙이 박혀 있습니다. 여성을 침묵시키는 일, 여성을 보호한답시고 짓밟는 일이 드러나고, 이름 붙여지고, 수치를 당하고, 해결되기를 우리는 담대하게 희망합니다. 이것이 우리를 현존하는 미래의 세계로 이끌어줄까요? 글쎄요, 그렇기도 하고 아니기도 합니다.

여성은 공개적으로 말하고 있지만, 상황은 간단하지 않습니다. 거의 30년 전, 만화가 리아나 던컨Riana Duncan은 회의에 존재하는 성차별적 태도를 절묘하게 포착해냈습니다. 나와 이야기를 나누었던 여성 가운데 이 만화에 공감하지 않는 사람은 단 한 명도 없었습니다. 여성들은 공감할 뿐만 아니라, 이어서 자신에게 정확히 같은 일이 일어난 경우들(정말 많았습니다)에 관해 말해주기 시작합니다. 지금 2018년에 말이지요!

게다가, 여성이 공개적으로 말할 때는 폭력적이고 형편없이 못된 반발backlash이 일어날 수 있습니다. 그러한 반발은 사람을 학대하기도 하고, 여성을 무력하게 만들거나 어리석게 보이게 만드는 더 미묘한 방식으로 일어나기도 합니다.

최근 사례 두 가지를 말씀드려보겠습니다. 2013년 영국은행은 5파운드 지폐의 사회 개혁가 엘리자베스 프라이Elizabeth Fry가 윈스턴 처칠Winston Churchill로 대체될 것이라고 발표했습니다. 이것은 발행된 모든 지폐의 뒷면에 남자가 있게 되는 것을 의미했습니다. 전부 남성 권위자들이었습니다. 캐롤라인 크리아도-페레즈Caroline Criado-Perez는 이에 도전하기로 했습니다. 그녀는 순진하게도 은행이 즉시 항복할 것이라고 가정했습니다. 불필요하고 도움이 되지 않는 대체 결정임이 너무나도 분명했기 때문입니다.

이 운동은 마침내 은행이 굴복하여 제인 오스틴Jane Austen을 넣은 새 10파운드 지폐를 발행하겠다고 발표하기까지 진정서 제출, 법적 이의 제기, 회의와 더불어 석 달 동안 이어졌습니다. 그리고 운동가들이 이겼습니다.

그러나 은행의 발표가 이루어진 다음 날, 캐롤라인은 트위터로 최초의 강간 협박을 받았습니다. 또 다른 강간 협박도 받았습니다. 첫 주말이 끝날 무렵 경찰이 받은 것은 그녀에게 가해진 악랄하고 독설로 가득 찬 협박을 담은 A4 용지 300장이었습니다. 그녀의 (잘못된) 주소와 휴대전화 연락처는 인터넷에 게시되었습니다. 그녀는 아파트에 긴급경보장치를 설치했습니다. 두 달 동안 끊임없이 이어진 괴롭힘 끝에, 그녀는 자신의 트위터 계정을 폐쇄했습니다.

아니면 2017년 선거 운동 중에 노동당 국회의원 다이앤 애봇Diane Ab-bott과 보수당 국회의원 보리스 존슨Boris Johnson이 나왔던 말도 안 되는 두 인터뷰에 관해 생각해봅시다. 두 인터뷰 모두 황당했고 정당 정책에 대한 무지를 드러내 보였습니다. 두 인터뷰에 대한 반응이 공개되었습니다. 애봇은 자신의 인터뷰 때문에 '멍청이'와 '바보 뚱땡이' 같은 모욕을 받으며 조롱당하고 웃음거리가 되었습니다. 존슨도 비난을 받았지만 "사내새끼다운 행동이었다" "그래, 이게 보리스지" "정신 차려, 인마" 같은 험담과 함께 훨씬 더 우호적인 방식의 비난이었습니다.

크리아도-페레즈는 여성을 침묵시키고 모욕주는 이 현상에 대해 어느 정도 연구했습니다. 자신의 책에서 그녀는 가짜 계정을 설정하고 채팅방을 열어 진행한 메릴랜드대학교의 한 연구를 인용합니다. "여성 이름을 가진 계정은 성적으로 노골적이거나 위협적인 언어가 포함된 메시지를 매일 평균 100개씩 받았다."[1]

크리아도-페레즈는 여성이 "닥치고 침묵하라"는 말을 듣고 있다는 결론에 도달했습니다. 그녀는 자신이 받았던 많은 위협과 여성에게 자행된 다량의 폭력이 말하기 분야를 둘러싸고 집중되어 있다는 사실을 이론화했습니다.

케이프타운대학교의 로나 마틴Lorna Martin 교수는 여성살해femicide 피해자들이 당한 부상에 관한 연구를 수행했습니다. 연구에 따르면 부상의 대부분이 안면과 목 부위에 발생한 것으로 드러났습니다. 크리아도-페레즈는 이를 명백한 메시지로 봅니다. 그 어떤 짓을 해서라도 여성을 입 닥치게 만든다는 것입니다. 그녀는 이 '침묵하게 만들기'가 이른 시기부터 시작된다고 주장합니다. 일부 연구에 따르면 남자아이는 거의 세 배나 높은 비율로 여자아이의 말을 막습니다.

메리 비어드Mary Beard는 자신의 탁월한 저서 『여성, 전적으로 권력에 관한Women and Power』(글항아리, 2018)에서 여성이 겪는 이중잣대를 밝혀냅니다. 그녀는 이렇게 씁니다. "단지 여성은 성공하기가 더 어렵다는 것만이 아니다. 여성은 한 번만 실수하더라도 훨씬 더 가혹한 대우를 받는다. 힐러리 클린턴과 그 이메일들을 생각해보라."[2]

자신의 주장을 신중하게 펼쳐나가는 책에서 그녀는 여성의 공적 발언을 숙고하고 공적 영역에서 여성의 발언을 듣기가 얼마나 어려운지 설명합니다. 그녀는 우리가 여성의 발언을 듣지 않도록 문화적으로 굳어져 있다는 사실을 분명하게 보여줍니다.

비어드는 또한 여성이 다르거나 논쟁적인 견해를 제안할 때, 그 여성은 바보 취급을 받는다고 주장합니다. 그녀는 자신이 "'무식한 멍청이'라고 불렸던 횟수를 세다가 잊었다"[3]고 말합니다.

이것의 또 다른 사례는 성평등에 관한 마이클 키멜Michael Kimmel의 대단한 TED 강연에서 찾아볼 수 있습니다. 거기서 그는 여자대학 수업에서 초청 강연을 했던 이야기를 들려줍니다. 그가 걸어 들어가자, 학생 가운데 한 사람이 쳐다보더니 이렇게 말했다고 합니다. "오, 드디어 객관적인 시각으로 배울 수 있겠어!"[4]

대조적으로, 나는 최근 (남성) 동료에게 말을 걸었습니다. 너무 무능력하게 보이는 특정한 한 남자가 어떻게 그토록 오랫동안 거대한 조직의 수장으로 남아 있을 수 있었는지를 이해하지 못하겠다고 말했습니다. 동료는 대답했습니다. "세 단어로 답해줄 수 있어. 백인. 남성. 중산층." 그가 맞습니까? 이게 내가 궁금해했던, 일반적으로 정확한 진단인가요? 글쎄요, 그가 맞는 것일까요? 정말 그런가요? 결정은 당신의 몫입니다.

비어드는 '권위 있는 발언'이 무엇을 의미하는지, 그리고 우리가 그것을 어떻게 구성하는지 생각해보도록 해줍니다. 그뿐만 아니라 권력이 무엇을 의미하는지도 재고해보도록 해줍니다. 그녀는 권력이 현재 구성되고 경험되듯이 '남성적인 것으로 코드화'[5]되어 있으며 그러므로 우리는 구조를 바꾸고 권력에 대해 다르게 생각해야만 한다고 주장합니다. 이런 대화를 다른 여성과 얼마나 자주 나누어보셨나요? 보통 그 여성은 변화에 대해 '아주 약간' 낙관적이지만 전반적으로 '우울하게' 남겨집니다.

이 대목에서 우리는 현존하는 미래라는 주제에 이르게 됩니다. 개인적으로, 나는 가부장제가 정말 뿌리 깊게 박혀 있다고 생각하며 새로운 창조 이전에 그것이 사라지거나 할지 의심하게 됩니다. 그러나 희망의 조짐을 봅니다. 자신의 목소리를 발견하고 공개적으로 말하는 여성은 그러한 변화의 한 가지 신호입니다.

이에 관해 어슐러 르 귄Ursula Le Guin이 한 경탄할 만한 표현을 리베카 솔닛Rebecca Solnit(현재 제가 좋아하는 수필가 중 하나)의 신간 『여자들은 자꾸 같은 질문을 받는다The Mother of All Questions, Further Feminisms』(창비, 2017)에서 읽었습니다. "우리는 화산이야. 우리 여자들이 진리, 인간의 진리로서 자기 경험을 꺼내놓으면, 지도 전체가 바뀌지. 새로운 산들이 생기는 거야."[6]

나는 이런 일이 일어나는 것을 봅니다. 성 상납과 성 학대가 엔터테인먼트 산업에서 폭로되었습니다. 임금 불평등은 오랜 의제였지만 최근 BBC의 중국 편집인 캐리 그레이시Carrie Gracie가 사임하면서 성별에 따른 임금 격차에 관해 계속되는 부당함이 명백하게 주목을 받았습니다. 2010년 평등법The Equality Act 2010(21세기가 되어서야 채택되었다는 점에 유의하세요!)은 동일 노동을 하는 남녀는 동일 임금을 받아야 한다고 명시합니다.

지난 7월 그레이시는 자신과 상응하는 직책의 두 남성 직원 급여가 자신 및 상응하는 직책 여성보다 적어도 50퍼센트 이상 더 많았다는 사실을 알게 되었습니다. BBC 시청자에게 보내는 공개 서한을 통해 그녀는 이렇게 적었습니다.

BBC의 공적인 주장에도 불구하고 저의 직위는 성평등에 대한 헌신을 보여주었습니다. 평등이 직책을 맡는 조건이었다는 저의 강조에도 불구하고 제 관리자들은 여성의 노동이 남성의 노동보다 훨씬 적은 가치를 지닌다고 다시 판단하고 말았습니다. 급여 공개를 강제적으로 하게 된 것에 관해 BBC가 항의한다는 소식을 들었을 때 저의 어리둥절함은 경악이 되었습니다. 그들이 없었다면, 저와 다른 많은 BBC 여성들은 진실을 알지 못했을 것입니다.[7]

이것은 차별입니다. 이것은 불법입니다. BBC 경영진이라면 누구나 이것이 차별이고 불법이라는 사실을 받아들이리라 생각했던 믿음은 거지 같은 것이 되었습니다. 실로 굳어져 있는 것입니다. 그러나 그레이시는 공개적으로 말했고 상징적인 행동을 취했습니다. 그래서 우리는 희망을 얻습니다.

오프라는 여성이 남성의 권력에 대한 진실을 말했을 때 너무나 오랫동안 그 말을 믿어주지 않아왔다고 말했습니다. 그러나 그녀는 말했습니다. "그들의 시간은 끝났습니다. 그들의 시간이 끝났습니다!" 그녀는 여성이 미투#metoo를 말할 필요가 없고 남성이 경청하기를 선택할 새로운 날이 코앞에 다가왔다고 믿습니다.

이것이 우리가 현존하는 미래의 날에 이루어지기를 꿈꿔왔던 세계입니다. 우리를 분리하고 깎아내려 인간 이하가 되게 하는 죄와 허물에 결박된 낡은 세계를 뒤에 남겨두고 떠납시다. 꿈을 꿉시다. 대담해지세요. 그리스도 안에서 될 수 있는 새로운 피조물이 되세요.

여성은 크게 이야기하고 있고 공개적으로 이야기하고 있습니다. 희망의 씨앗이 거기에 있습니다. 나는 천사가 마리아에게 말했던 것처럼 "하느님께서 하시는 일은 안 되는 것이 없다"고 믿습니다. 마리아의 이야기와 함께, 우리는 용감해지도록 요구받습니다. 때때로 알 수 없고 불편하기까지 한 풍경 안으로 첫 발걸음을 뗄 수 있도록 말입니다. 완전히 새로운 세계를 상상할 수 있도록 말입니다. 그곳에서 권력의 구조는 다시 만들어지고, 모든 목소리가 경청되며 가치를 인정받을 것입니다. 새로운 산들은 그곳에 있고 지도는 바뀔 수 있습니다.

미주

1   Caroline Criado-Perez, *Do it Like a Woman……and change the world*, (London: Por-

      tobello, 2015), 124.

2   Mary Beard, *Women and Power, A Manifesto*, (London:Profile Books, 2017), 96.

3   Ibid, 33.

4   https://www.youtube.com/watch?v=7n9IOH0NvyY, 2018년 12월 1일 최종 접속.

5   Beard, *Women*, 87.

6   Quoted in Rebecca Solnit, *The Mother of All Questions, Further Feminisms*, (London:

      Granta,2017), 18.

7   https://www.theguardian.com/media/2018/jan/08/carrie-gracie-letter-in-full, 2018

      년 12월 1일 최종 접속.

이 생각과 실천들이

대담하게, 창의적이게, 상상력이 넘치게

생각하고 행동하고 말하도록

용기를 북돋아드릴 수 있기를 바랍니다.

새로운 세계가 어떤 모습일 수 있는지를

보고 상상하는 재능으로서의 시각을

사용해보면서 말이지요.

– 캐시 로스

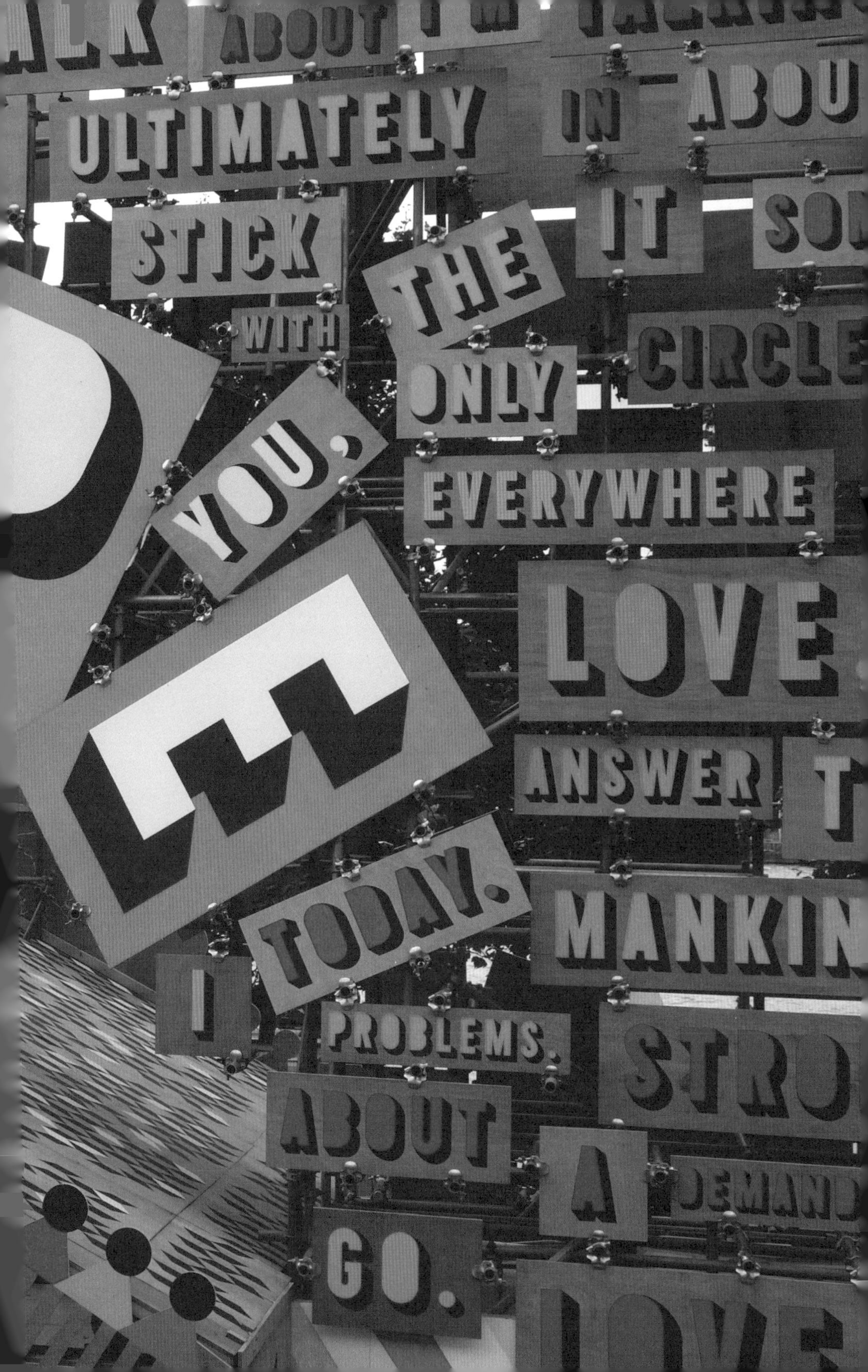

자홍

내가 잡은 큰 열쇠, 고대, 강철, 토끼풀,
만지기엔 차가워.
쉽게 밀어 잠그고
부드럽게 돌아가네.
이 문은 삐걱거림이 없지. 잘 기름 쳐졌네.
작은 예배당
웨일스 북부의 돌투성이 노두에 숨겨져 있네.
스테인드글라스 창에 반사된 햇빛 무지개.
그 가운데 일곱.
보라, 노랑, 파랑, 주황,
초록, 빨강, 청록, 자홍.
여덟 가지 색.
일곱 가지 스테인드글라스 창.
자홍이 빠졌구나.
자홍은 어디에 있나? 조촐한 내 마음 걱정시키네.
굴절된 색이 내는 소리를 천천히 흡수하네.
힘의 빨강; 치유의 초록,
살상의 보라, 궁금함의 노랑,
활력의 주황, 고요의 파랑,
순전한 아름다움의 청록.

완성의 자홍.

바퀴엔 여덟 가지 색,

이 예배당엔 창이 일곱뿐.

완성의 자홍,

온전함.

자홍이 없네.

자홍이 오라 하네,

예배당을 나서,

세계 안으로.

성 베우노 예수회 영성 센터에서, 2017년 8월 12일이 도서의 국립중앙도서관 출판도서목록(CIP)은 서지정보유통지원시스템(http://seoji.nl.go.kr)과 국가자료공동목록시스템(http://www.nl.go.kr/kolisnet)에서 이용하실 수 있습니다. (CIP제어번호: CIP2020006073)

내일의 교회

초판발행 2020년 3월 25일

지은이 • 조니 베이커 , 마이클 모이나, 이언 애덤스, 맥스 해리스, 스티브 콜린스,
       에마 메이저, 콜린 헤버-퍼시, 애나 러딕, 레이철 그리피스, 니콜라 슬리,
       존 느레닌, 바이클 노스콧, 캐시 로스

옮긴이 • 김준철

발행처 • ㈜타임교육

발행인 • 이길호

편집인 • 김경문

편집 • 김경림

디자인 • 이지음

제작 • 신인석 김진식 이난영

재무 • 강상원 이남구 진재성

마케팅 • 이태훈 방현철

출판등록 • 2009년 3월 4일 제322-2009-000050호

주소 • 서울시 강남구 봉은사로 442(75th Avenue빌딩) 타임교육 7층

편집문의 • 02-590-6997

주문전화 • 010-9217-4313

팩스 • 02-395-0251

한국어판 저작권 ⓒ 2020 ㈜타임교육

ISBN 978-89-286-4671-5

※ 비아는 ㈜타임교육의 단행본 출판 브랜드입니다.

※ 이 책은 비아와 성공회브랜든선교연구소의 공동 프로젝트로 제작되었습니다.